William The Conqueror
Jacob Abbott

征服者威廉
诺曼雄主与远征英格兰
全景插图版

[美]雅各布·阿伯特 著
王清 译

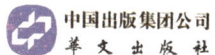

图书在版编目（CIP）数据

征服者威廉 /（美）雅各布·阿伯特（Jacob Abbott）著；王清译.
—北京：华文出版社，2018.1
（美国国家图书馆珍藏名传）
ISBN 978-7-5075-4858-7

Ⅰ.①征… Ⅱ.①雅…②王… Ⅲ.①威廉(征服者)
(William the Conqueror 1027–1087)—传记 Ⅳ.①K835.617=316

中国版本图书馆CIP数据核字(2018)第013680号

征服者威廉

作　　者：[美] 雅各布·阿伯特
译　　者：王清
选题策划：
插图供应：029—89257605
责任编辑：胡慧华
出版发行：华文出版社
社　　址：北京市西城区广外大街305号8区2号楼
邮政编码：100055
网　　址：http：//www.hwcbs.com.cn
电　　话：总编室010—58336239　发行部010—58336267
　　　　　责任编辑010—58336197
经　　销：新华书店
印　　刷：北京画中画印刷有限公司
开　　本：880×1230　1/32
印　　张：9.25
字　　数：180千字
版　　次：2018年3月第1版
印　　次：2018年3月第1次印刷
标准书号：ISBN 978-7-5075-4858-7
定　　价：45.00元

版权所有　侵权必究

出版说明

《美国国家图书馆珍藏名传》共 22 册，作者是美国著名历史学家、教育家雅各布·阿伯特。他以独特的视角研究公元前 7 世纪到公元 18 世纪 2500 年的世界史，最后写出了这套影响深远的人物传记。读者能通过阅读这些风云人物，更好地理解那段历史、那段时光，这是我们出版这套书的最大良善。为更好地使读者全面了解该丛书，现作如下说明：

一、关于版本。据不完全统计，这套丛书的英文版多达上百个。其中，以哈伯兄弟出版公司于 1904 年出版的版本最具代表性和权威性。本丛书正是根据该版翻译而成，以保证版本的质量。

二、关于插图。这些人物距现代已经很久远了。读者可能会问：他们长什么样子？穿什么衣服？仗是如何打的？外交是如何谈的……为了让读者更形象地了解当时的历史，我们精心为各书选配了约百幅插图。这些插图包括但不限于油画和版画。我们希望，通过品味插图的艺术之美，读者获得一种不是穿越胜似穿越的强烈体验，从而更好地对当时的风土人情有更直观的体察。

三、关于注释。为了确保内容的正确性、权威性，版权方进行了大量的考证工作。考证的结果以注释的形式体现。另外，内文中很多涉及地图的地方，我们尽量尊重作者，尊重历史，保存原貌，如有出入，请读者认真分辨。

四、关于译者。本丛书由多所大学的一线英语老师及教授翻译而成。各位老师治学严谨，文笔优美，为确保丛书的质量奉献良多。在此，深表敬意。

尽管出版前我们做了许多工作，但不足之处实难避免，欢迎读者朋友多提宝贵意见。

原 序

在设计和编排这套丛书时,我就想着是否可以把它们改变为学校使用的教材。历史总体纲要经常被用作教材,如果在适当的教育阶段,学生的思想足够成熟,知识储备足够丰富,那么,在凭借此类教材学习的过程中,他们便能够理解书中所概括、浓缩的一个民族的全部历史,从而获益无穷。当然了,如果学生的思想没有成熟到这个程度,知识储备也不够丰富,那么,在利用这类教材学习的时候,他们往往会去机械记忆一些名字、日期以及历史名词,这时,他们的兴趣很难被激发出来,更别说从书本中获取有益的知识、与图书进行思想的交流了。不过,如果这些对历史还不太熟悉的学生能够把他们的注意力先集中在一些相互独立的话题上,比如说这些书中相对独立的主题上,那么他们也能够受益匪浅。

通过这套丛书,他们既可以全面地学习一个个君主的生平,又可以通过书中对单个事件的描述来更全面地了解事情的细节,从而把历史与现实联系起来。他们会思考从书中读到的材料,会推理书中提到的主人公行为动机,会注意到主人公的性情变化历程。同时,他们也会注意到书中所记录的行为及其结果,分析其因果关系,思考赏罚的原因——是道德与智慧推动的呢,还是罪恶与愚蠢导致的呢?他们所阅读的都是历史上真实发生的事情,而不是虚构的小说,通过阅读,他们不仅可以丰富自己的历史知识,还可以提升自己的思想深度和灵魂高度。在阅读中,他们通过思考、推理,享受在历史学习中,成熟的心灵所获得的真正乐趣。这样的阅读培训能够帮助学会适当的阅读方法。

　　因此,如果把这些书改编为教材的话,学生在使用这些教材的时候,便能一直处于思考状态。我们在每章开头设立章节索引的目的是为了帮助学生的学习:这些说明性的文字既可以成为学习的主题,又可以在教师的简单设计下变成需要思考的问题。为了方便课程的划分,我们的每本书都遵循着这样的规则。

目 录

第一章　诺曼底 ･･ 001

诺曼征服——诺曼底公爵威廉——地图中的诺曼底——英吉利海峡——海峡以南峭壁林立的海岸——西北风盛行——海峡以北的天然良港——两岸海军实力与地理状况的关系——英格兰人与法兰克北部居民共同的族源——热爱冒险的丹麦人——塞纳河——诺曼底公国的奠基人罗洛——罗洛的海盗事业——罗洛成为海盗头子——罗洛南侵——阿尔弗雷德与罗洛的战争——埃诺公国遭袭——巨额的赎金罗洛入侵法兰克王国——法兰克王国查理三世——拉锯战——罗洛与查理三世的签订和约——效忠宣誓礼——罗洛在鲁昂大教堂受洗——阿弗尔港——从罗洛到威廉

第二章　威廉出世 ･･ 021

法莱斯城堡遗址——城堡的地理位置——城堡周围的建筑——历任诺曼底公爵简介——爱玛与威廉的特殊关系——威廉出身卑微——罗伯特对阿劳特一见钟情——贵族与平民不能通婚——制革匠把女儿送给罗伯特——阿劳特产下一子——小威廉力大惊人——罗伯特格外宠爱小威廉——小威廉的领导气质——罗伯特计划朝圣——罗伯特立小威廉为储君——布列塔尼公爵摄政——罗伯特带小威廉前往巴黎——法王亨利一世的欢迎仪式

第三章 | 威廉登基 ·················· 043

罗伯特拜别亨利一世——罗伯特在君士坦丁堡举行盛大游行——罗伯特朝圣途中病倒——罗伯特偶遇老乡——罗伯特抵达耶路撒冷——罗伯特死于归途——爵位继承权再引争议——威廉在巴黎接受良好教育——威廉进步很大——阿尔克斯打算占领诺曼底——罗伯特的骑士回到诺曼底——艾伦接见归来的骑士——艾伦计划接回威廉——犹豫不决的亨利一世——威廉平安回到诺曼底——诺曼底动荡不安——威廉难分敌友——威廉与亨利一世的斗争——泰利埃城堡失守——法莱斯城堡遭围攻——威廉急中生智解除城堡危机——威廉饶恕叛变的城堡总督——威廉彻底击退亨利一世——诺曼底恢复宁静——威廉的加冕礼

第四章 | 威廉统治诺曼底 ·················· 065

二十年时光一晃而过——勃艮第伯爵盖伊的阴谋——弄臣盖里特——阴谋者的计划——盖里特发现端倪——盖里特叫醒熟睡的威廉——威廉死里逃生——威廉被认出来——休伯特的儿子护送威廉——休伯特糊弄阴谋者——阴谋者自乱阵脚——威廉收服叛军——"特堤路"——盔甲上的小学问——叛军首领是威廉旧友——左右为难的托斯顿——威廉成功镇压叛乱——艰苦贫寒而又趣味无穷的古代城堡——骑士瞧不起普通百姓——威廉的出身再引争议——威廉遭敌军羞辱——威廉援助亨利一世反遭其嫉恨——威廉逐步稳固地位

第五章 | 威廉大婚 ·················· 087

王室婚姻的政治意义——威廉的婚姻观——玛蒂尔达的家庭背景——玛蒂尔达与威廉的关系——玛蒂尔达的刺绣造诣——巴约挂毯——挂毯的保存——巴约挂毯的伟大时代——婚姻谈判——玛蒂尔达不愿嫁给威廉——布里希特伤了玛

蒂尔达的心——玛蒂尔达报复布里希特——威廉与教皇的七年谈判——威廉与玛蒂尔达的争吵——盛大的婚礼——夫妇俩险些被逐出教会——夫妇俩投身慈善事业——夫妇俩儿女成群——威廉与佛兰德斯家族联姻的目的——两国政府实现双赢——鲍德温唯利是图——威廉智胜鲍德温

第六章　爱玛王后 ……………………………………… 111

威廉宣称有权继承英格兰王位——爱玛夫人——埃塞雷德——埃塞雷德战败——埃塞雷德逃往诺曼底——屠杀丹麦人——恐怖的内战——埃塞雷德的暴政——爱玛的抱负——爱玛蒙羞——埃塞雷德被迎回英格兰——埃塞雷德与爱玛地位的恢复——与克努特的战争——埃塞雷德撒手人寰——爱玛的处境——爱玛的儿子们——埃德蒙与克努特订约——埃德蒙之死——克努特的提议——克努特打得如意算盘——克努特如何对待埃德蒙的两个孩子——克努特要娶爱玛——爱玛儿子们的反对——爱玛再次成为英格兰王后——戈德温伯爵——克努特驾崩——克努特将王位传给哈罗德——爱玛的阴谋——爱玛写给孩子们的信——阿尔弗雷德灾难性的远征——阿尔弗雷德的悲惨下场——忏悔者爱德华——可怜的爱玛——忏悔者爱德华对母亲的控诉——埃德蒙的儿子们——戈德温之子哈罗德——忏悔者爱德华的打算

第七章　哈罗德国王 ……………………………………… 137

哈罗德与威廉——戈德温与爱德华的斗争与条约——戈德温的人质——残忍的行径——克努特的人质——爱德华拒绝放弃人质——哈罗的拜见爱德华——哈罗德前往诺曼底——哈罗德遭遇海难——哈罗德遭遇勒索——威廉款待哈罗德——威廉对待客人的态度——哈罗德游览布列塔尼——威廉对哈罗德提出他对英格兰王位的主张——哈罗德的伪装——威廉的防备——威廉保留人质——骑士和贵族的集会——哈罗德当众起誓——神圣的遗物——哈罗德离开诺曼底

哈罗德争取英格兰王位继承权——爱德华朝不虑夕——威斯敏斯特大教堂——爱德华驾崩——哈罗德的加冕礼——哈罗德违背与威廉的约定

第八章　远征英格兰的准备　　159

哈罗德之兄托斯蒂格——兄弟争位——托斯蒂格远在欧洲大陆——赶往鲁昂向威廉报信——威廉陷入沉思——费佐斯本的安慰——召集贵族开会——使者前往伦敦——哈罗德当初的三个承诺——哈罗德的回复——威廉备战——威廉需要资金——对威廉远征计划的不同态度——费佐斯本出谋划策——资金难题的解决——兰费朗克去见教皇——教皇亚历山大三世——罗马教廷支持威廉远征——威廉在邻国征兵——威廉向投奔者的承诺——威廉希望得到腓力一世的支持——圣热尔曼宫——腓力一世劝威廉放弃远征——腓力一世的小算盘——玛蒂达尔与摄政委员会——双尾彗星及其预兆

第九章　穿越英吉利海峡　　185

迪夫河口——盛大的出征仪式——阅兵与操练——秋分之夜的大风——风暴与恶浪——远征推迟——恶劣天气影响了士气——失事的战舰——谣言四下传播——威廉强行出航——天气转好是假象——去圣瓦勒里港躲避风暴——哈罗德的误判——哈罗德没有完全放弃警惕——哈罗德派往英格兰南部海岸的间谍——威廉切断了信息传递的通道——当时处死间谍的酷刑——间谍进入诺曼底——间谍暴露了——威廉放了间谍——让间谍给哈罗德带话——威廉的真实用意——威廉对军官们的训话——玛蒂达尔送给丈夫的礼物——舰队之首"米拉"号——再次起航——舰队追上来了——顺利登陆英格兰——威廉在黑斯廷斯安营——哈罗德集结10万大军

| 第十章 | 黑斯廷斯战役 ·············· 209

托斯蒂格给威廉送信——威廉制定远征计划——托斯蒂格继续寻找盟友——挪威王哈拉尔三世——托斯蒂格与哈拉尔三世达成一致——哈罗德的不安——挪威舰队——挪威士兵的梦——联合舰队突袭斯卡伯勒镇——滚动的火球——托斯蒂格进攻约克镇——哈罗德抵达约克镇——哈罗德打得托斯蒂格措手不及——托斯蒂格与哈罗德的谈判——托斯蒂格战死疆场——挪威残余部队撤退——哈罗德顾头难顾尾——顾问团给哈罗德提议——哈罗德的兄弟——哈罗德侦察威廉大营——哈罗德受打击——间谍的报道——威廉的使节——威廉的霸王条约——哈罗德的建议——哈罗德的军营——威廉的军营——战前宗教仪式——威廉的战马——黑斯廷斯战役——哈罗德战死疆场——威廉在威斯敏斯特大教堂加冕

| 第十一章 | 王太子罗伯特发动叛乱 ·············· 237

威廉的长子——罗伯特的性格——威廉和罗伯特发生冲突——威廉·鲁弗斯——威廉的儿子亨利——罗伯特绰号"短靴"——罗伯特有门娃娃亲——威廉的动机——玛格丽特早逝——罗伯特的政治力量——罗伯特想统治诺曼底公国——赖格尔城堡——罗伯特与威廉·鲁弗斯的冲突——罗伯特发动叛乱——玛蒂尔达的焦虑——玛蒂尔达采取措施——威廉的优势——罗伯特输得心服口服——父子相互指责——罗伯特去佛兰德斯——腓力一世的行动——罗伯特浑噩度日——玛蒂尔达暗中帮助罗伯特——玛蒂尔达的小动作被发现——玛蒂尔达的信使被逮——威廉怒斥玛蒂尔达——桑普森险些丧命——事态恶化——玛蒂尔达痛苦不堪——罗伯特刺伤威廉——父子和解

| 第十二章 | 《末日审判书》 ·············· 261

威廉统治英格兰——英格兰人发动叛乱——英格兰人和诺曼人的融合——诺曼底军队进入英格兰——英格兰诺曼化的领域——战争遗址——英格兰人对诺曼征服的看法——《末日审判书》——《末日审判书》的样本和译本——玛蒂尔达身体欠安——玛蒂尔达之女离世——玛蒂尔达在卡昂的宫殿——玛蒂尔达内心无比痛苦——玛蒂尔达回忆往事——玛蒂尔达临终祷告——威廉年事已高——腓力一世嘲讽威廉——威廉怒不可遏——芒特镇的大火——威廉遇难——威廉懊悔不已——威廉的遗言——无人料理威廉的后事——威廉的遗体被送回卡昂——离奇的一幕——送葬队伍被大火耽误——葬礼现场——石棺太小导致遗体破裂——威廉·鲁弗斯获得英格兰王位

附 录 | 专有名词英汉对照

第一章

诺曼底

精彩看点

诺曼征服——诺曼底公爵威廉——地图中的诺曼底——英吉利海峡——海峡以南峭壁林立的海岸——西北风盛行——海峡以北的天然良港——两岸海军实力与地理状况的关系——英格兰人与法兰克北部居民共同的族源——热爱冒险的丹麦人——塞纳河——诺曼底公国的奠基人罗洛——罗洛的海盗事业——罗洛成为海盗头子——罗洛南侵——阿尔弗雷德与罗洛的战争——埃诺公国遭袭——巨额的赎金罗洛入侵法兰克王国——法兰克王国查理三世——拉锯战——罗洛与查理三世的签订和约——效忠宣誓礼——罗洛在鲁昂大教堂受洗——阿弗尔港——从罗洛到威廉

第一章　诺曼底

在英国历史上，每隔很长一段时间就会发生一些大事，其中一件就是诺曼征服，它意义重大、影响深远，几个世纪以来经常被提起。其实，诺曼征服就是诺曼底公爵继承英格兰王位。他的继位不是全靠武力，因为他觉得自己就是英格兰王位的合法继承人。虽然这并不意味着他说的就全对，但与王位竞争对手相比，他还是更有资格。最高统治权在当时虽不如现在真实有效，却是很公开透明的。

威廉的家乡诺曼底位于今法国北部，物产丰富，风景秀丽。下面这幅图直观地表明了诺曼底的地理位置。

通过地图，我们可以看到，诺曼底坐落在毗邻英吉利海峡的法兰克海岸线上。这个不规则形状的海峡平均宽约一百英里。海峡南岸与诺曼底北部相连，那里

峭壁林立，海面上沿岸航行的船几乎与它垂直。这种险象令船上的人望而生畏。此外，一条急流从悬崖切

诺曼底在地图中的位置

出一条通道。河的入海口处有一个供船只进出的港口。此地常年盛行西北风，这样一来，港口的船就能驶向更远的地方。不断涌起的滚滚浪涛冲击海岸，致使陆地产生了凹陷。迅猛的西北风裹挟着沙石和木条堵塞

了所有的河口，而在这个著名的海峡北部，也就是英格兰海岸，情况则截然相反。在英格兰海岸，海港的形成得益于河口或自然弯曲的海岸，如果不是这些得天独厚的自然因素，船很难进入港口。当然，在很大程度上，海港受到了风和大海的庇护。几个世纪以来，风平浪静的北部海岸因为稳定的深层水和广阔的掩护水域①受到水手的青睐，他们出没在这片深入陆地的水域。而南部海岸上连绵曲折的悬崖则几乎成了无法逾越的障碍。沿岸的每个河口都被浅滩和沙堤堵上了，只有汹涌澎湃的巨浪常年守护着那片冰冷的地方。

虽然两岸的人有着相同的起源和血统，但他们的海军实力却判若云泥。这在很大程度上是两岸之间所存在的巨大的地理差异导致的。之所以说他们有着相同的起源和血统，是因为英格兰和法兰克北部最初是斯堪的纳维亚人的聚居地，这些人来自挪威、丹麦和波罗的海沿岸的国家。他们在当时的史籍中被称为"北方人"。那些登陆英格兰的人通常被称为"丹麦人"，但实际上他们中只有一小部分人来自丹麦。然而，他们不

---

① 掩护水域是指有半岛、海岛或防波堤等屏障阻挡外海风浪直接作用的水域。——译者注

仅一脉相传，还拥有勇敢的品质和无所畏惧的探险精神。根据这些性格特征，我们就基本能分辨出谁是他们的后代。很早的时候，他们就凭着强大的军事力量，依托海盗船队这一平台，寻找新的居住地，他们奔波在波罗的海和大不列颠四周的海面上，克服千难万险，终于找到了更适合生存的物产富饶的地方。这些地方的气候不同于他们最初生活的北方。期间，他们显示出同样的精神特质，一起忍受着艰难困苦；他们在太平洋上捕杀鲸鱼；他们占领印度并攫取当地的财富和权力；他们甚至鼓动整个船队的冒险家绕地球半圈多去加利福尼亚州淘金。虽然时代和环境已经变了，但他们的种族精神却经久不衰。

"诺曼底"这个名字来源于"北方人"。诺曼底是法兰克北部的一个省，由北方人自己建立。正如从地图上看到的那样，塞纳河从法兰克的心脏流过，而北方人正是通过塞纳河的入海口进入这个国家的。历经海水长年累月的冲积，塞纳河的下游和入海口周围的海域都被沙石堵塞了。随着人们大规模地发展产业，极有可能导致整个河道淤塞，所以河里的水必须有个出口；这样一来，河水就会向外流动，与不断闯入的海水进行无休止

第一章 诺曼底

的较量。然而，智勇双全的北方人还是排除万难，找到了一条合适的道路。他们乘船溯流而上，最终在诺曼底永久定居。故事开始的时候，他们已经占领诺曼底数世

塞纳河风光，卡尔·弗雷德里克·伊尔（1849—1911）绘

纪之久了。诺曼底由世袭君主统治，君主的权力至高无上，几乎不受法兰克国王的约束，该君主被称为"诺曼底公爵"。

第一位诺曼底公爵名叫罗洛，他是北欧海盗的一名首领。他率军入侵并征服了法兰克，被称为诺曼底公国的奠基人，他的故乡是挪威。他在挪威一出生就是

一名酋长，生性野蛮，热爱冒险。后来，他召集了一批追随者，一起到海上肆意抢劫，犯下了不可饶恕的罪行，最终被挪威国王驱逐出境。

在罗洛看来，被驱逐出境不见得是场灾难。他非但没有终止自己的海盗"事业"，反而扩大了他的入侵范围。他加强了军备，增强了舰队实力，招募了更多的追随者，从波罗的海北部向英格兰海岸航行。

苏格兰西北海岸有一些山脉和幽暗的岛屿，那里曾是历史上很多逃亡者和罪犯的避难所。现在，罗洛把这些岛屿变成了他的集结地。他在岛上拉拢了很多同伙：这些人有的是因为卷入政治动乱，有的是因为犯下罪行，最终逃到这些孤岛上。罗洛冲动、热情和自信的性格激发了他们的战斗力。于是，他们拥护他为领袖。罗洛发现他的兵力不断增强，于是计划把这些力量集中起来，便于自己指挥。他率军向南出征，竭尽全力为自己寻找一个易于占领、适合生存的地方，并占为己有。他周围的冒险者无所畏忌，为加入这个计划做足了准备。他们改装了舰队，分配了补给品，改善了装备。这次远征不仅有组织纪律，而且有足够的作战物资。于是，一切准备就绪，他们就出发了。然而，他们并不确定目的地到底在哪，只是知道要为自己找到一个有利的地方。

罗洛的雕像,位于诺曼底地区法莱斯市的一处广场

他们一路向南航行，经过苏格兰海岸，进入英格兰海域。抵达英格兰海岸时，他们发起了几次进攻，但都被英格兰大军击退了。这些事件发生在阿尔弗雷德大帝统治时期。高瞻远瞩的阿尔弗雷德及时采取有效措施，巩固边界的防御，这在很大程度上削弱了罗洛的野心。于是，他率军向多佛尔海峡出发，并在途中袭击了佛兰德斯海岸。遭到袭击的地方是埃诺公国，由位高权重的埃诺伯爵统治。埃诺伯爵在抵御罗洛军队的战斗中不幸被俘。伯爵夫人为了赎回丈夫不得不筹集一大笔赎金，然后交给罗洛。因此，罗洛的这次袭击为他的金库注入了新的财富，他们把这看成是那段日子里无比伟大和光荣的事情。如果这种罪行放在现在，必然会遭到人类的一致谴责；但罗洛却通过这种行为不仅充实了自己的金库，还获得了长久的赞美和光耀的荣誉。

出于各种原因，收到赎金的罗洛并未永久占领埃诺公国，而是继续补充武器和物资。他率领舰队离开埃诺公国，向西穿过多佛尔海峡，然后沿法兰克海岸航行。他发现海峡这边的法兰克虽然与对岸一样美丽富饶，但这里的防御相对较松。他们径直进入塞纳河口。习惯了海上航行的他们突然转入内河，难免会觉得困

第一章 诺曼底

难。好在一路上没有强劲的敌军阻拦,他们很快克服了各种困难,溯流而上抵达鲁昂,竟有些不费吹灰之力的感觉。

当时,法兰克国王是查理,史称"查理三世"。他开始集结军队抵御外敌入侵。然而,罗洛先于查理占领了鲁昂。他有足够的精力去反击查理的军队。当时的鲁昂已经固若金汤,而罗洛的到来犹如锦上添花,他扩大了防御工事,修建了军械库,设立了守卫。总之,

法国巴约地区出产的挂毯,上面的图案描述了北欧海盗入侵的场景,产于 19 世纪

罗洛的这次作战准备充分，他和他的军队建立的阵地甚至能用坚不可摧来形容。

罗洛和查理之间经过漫长的拉锯战之后，罗洛就快打赢战争了。成功离他越来越近了，他变得越来越骄傲、专横了。他把法兰克国王从这个港口赶到另一个港口，从这片田野赶到另一片田野，直到他占领了法兰克北部的大部分地区。在这个过程中，他逐渐建立起自己的政府。查理竭尽全力抵御，但一再败北。罗洛不断进攻，最后将查理围在巴黎。最后，查理被迫参加和平谈判。罗洛强烈要求由他和他的追随者们统治塞纳河两岸肥沃而广阔的土地，并在这里建立一个独立的王国。实际上，这片土地就是现在的诺曼底。面对这样无礼的要求，查理极不情愿。他无法说服自己把这片土地割让给对方，并任由对方建立一个独立的王国。他能接受的是，罗洛在这片土地上建立一个附属于他的公爵领地，而绝不是一个独立的王国，因为只有这样他才有可能继续拥有这片土地。一眨眼，罗洛已经登陆30多年了，双方的战斗僵持不下，他已经疲于应付，最后，他妥协了，同意了法兰克国王的提议。

查理国王有个女儿，名叫吉赛尔。和平条约的其中一条就是罗洛迎娶吉赛尔为妻。按照条约规定，罗洛成

法兰克国王查理三世的油画像,乔治斯·鲁热(1783—1869)绘于1838年

了一名基督徒。因此，条约的执行包含了三个必不可少的庄严仪式。首先，罗洛要在他的封地举行效忠仪式，这是当时的一种风俗——拥有较高权力的官吏要在最高统治者面前举行某些仪式，也就是所谓的"效忠宣誓礼"。尽管这些仪式的内容都是下级官吏向最高统治者表达他们的归顺之意和忠诚之心，但在不同的国家却有各种各样的形式。效忠宣誓礼之后还有受洗仪式，受洗仪式之后则是大婚庆典。

举行效忠宣誓礼的时候，所有的王公贵族和军队首领都会受邀来见证这庄严的时刻。显然，罗洛是不会彻底向法兰克王国屈服的。根据传统，他必须跪在国王面前，紧握住国王的双手，向国王表示臣服之意。不仅如此，他还得亲吻国王的双脚，尽管那双脚被精美的鞋裹着。罗洛什么都可以答应，唯独最后一个程序让他难以接受。然而，国王对罗洛既不劝说，也不催促，这种不紧不慢的气氛反倒让罗洛无所适从。实际上，这些仪式并不能真正表明罗洛对法兰克国王忠心耿耿。

早在一百多年前，教皇就已经自称为皇帝。直到今天，某些特定场合还是会沿用这些仪式。说起教皇，他的鞋上则绣有十字架，这个十字架象征着经历苦难

第一章 诺曼底

和死亡的神圣的救世主,虔诚的信徒跪下来恳求亲吻他的双脚。参加这种仪式之前,教皇总会仔细考虑一番,如果有必要的话,他才会出席,然后接受子民们的"心意"。

罗洛无法说服自己去亲吻查理国王的双脚。最后,双方一致同意让罗洛的代表执行这个程序,问题这才得以解决。于是,罗洛就命令他的一名侍臣在仪式上代他行礼。这名侍臣虽然服从了命令,但当他举起国王的脚时,他的动作是那么粗鲁——他把国王的脚举得老高,竟然把国王从座位上拉了下来。这种行为看似是个笑话,但恰恰表明罗洛的实力强大,而查理国王则对此恨之入骨。

几天后,罗洛在鲁昂大教堂受洗,并举行了盛大的游行。一星期后,他便和吉赛尔举行大婚。三十多年来,罗洛一直在各种战斗中度过,他无论如何也没想到会有现在的欢宴和庆祝。罗洛获得了这片完整的宁静的公爵领地,余生他用尽智慧去治理。一时间,这片领地呈现出繁荣昌盛的景象。罗洛把这里变成了欧洲最富有、最繁荣的地区之一,为获得更高的地位和更大的权力奠定了雄厚的基础。他死后,这里逐渐发展壮大,形成了现在的诺曼底。

由此看来，罗洛和他所率领的北方人之所以占领法国的这部分土地，一方面是因为他们从英吉利海峡进入塞纳河之后，距离这里最近，另一方面是因为这里不仅土地肥沃而且物产富饶。这里风景如画，就像法国的花园一样；美丽的风景令很多现在的游客神往，受到他们的高度好评。但这里所呈现的景象与英格兰和美国的乡村风景截然不同。在诺曼底，疆域是开放的。

罗洛在鲁昂大教堂接受洗礼，大约绘于14世纪末或15世纪初

第一章 诺曼底

那里没有树篱或围墙去打破原本的整体性，辽阔的土地向四面八方扩散。人们通过各种耕作方式把它们分成不同面积和样式的小块，看起来就像是一个笼罩着上千种色调，不规则鳞状的大地毯。成千上万的树木形成的森林随处可见，它们看起来是那么古老而珍贵，仿佛已经在这里屹立了数世纪之久。贵族的领地、狩猎场和公园与国王的宫殿或古代高官的城堡相差无几。不像美国，这里的农舍有的建在公路旁边，有的建在山坡上面；但在一些过于密集的村庄，那里的古民居大多是砖石结构，家家户户的房屋都集中在一条街道上。也许我们还能看到，衣着别致的男男女女每天清晨一起去几英里之外的地方进行日常劳作的场景。除了这些村庄，偶尔会有一座古堡映入眼帘，再就没有任何其他的居所了。这个国家看似荒僻，却随处可见肥沃的土地、丰富的物产和怡人的风景。笔直、宽阔、宏伟的大道将这些美丽的风景串联起来，一直延伸到数英里之外连绵起伏的土地；任何东西都无法阻挡人们在这片肥沃的土地上耕种和收获，更别说那些古老而珍贵的树木。当游客驾车行驶在公路上，两旁的美景尽收眼底，它们像不断切换的电影镜头一样在眼前一闪而过。在英格兰，一阵风吹过，公路旁的灌木组成的墙和窗挺①显得格外漂亮，无不透露着浓郁的乡村气息。漫步其间，蜿蜒曲折的道路就像河流一样。总之，如果说英格兰的道路风景怡人，那法国的道路则彰显着一种宏伟之气。

在这一章开始的时候，我们已经通过地图知道了诺曼底的位置。值得强调的是，鲁昂是现代诺曼底最大的城市，坐落在巴黎和英吉利海峡之间的塞纳河上。塞纳河入海口有个小水湾，这里几乎是整个海岸线上设施最好的海港。然而，即便是这么小的港口也会被沙

---
① 窗挺是窗框两边垂直的部分。——译者注

第一章 诺曼底

堵塞,所以潮水一旦退去,船就极有可能搁浅。事实上,如果没有人工干预,这个入海口可能早就被填平了。潮水下降之前,水闸会锁住大量的海水;水闸一旦打开,日益累积的泥沙就会被海水冲积到一起。港口在整个海岸都是数一数二的,法国人称它为"勒阿弗尔",英语中的"阿弗尔"也是"海港"的意思。实际上,"勒阿弗尔"的全称是"勒阿弗尔格拉斯"。诺曼底人似乎把这个港口看成了神灵赐予他们的好运。然而,英语中的"勒阿弗尔格拉斯"这个全称只保留了主要词汇,直

鲁昂是一个具有千年历史的名城,古迹颇多,塞纳河贯穿市区。图为早期的鲁昂城全景,大约绘于16世纪

接称这个港口为"阿弗尔"。

从罗洛到威廉，诺曼底公爵统治的诺曼底公国在法兰克王国历史上存在了一百五十年左右。其间，诺曼底公国的人口和财富都在不断增长。幸运的是，诺曼底原有的居民并没有被驱逐出境，他们一如既往地在那里从事农牧业劳作。诺曼底贵族管理这里的子民，并接受威廉赐予的大量封地。各民族逐渐融合在一起，他们在历史长河中跋涉数世纪，只为向世人证明自己高贵的精神品质，而这些精神早已通过诺曼底血统注入到后人的灵魂深处。其实，许多观察人士表示，这种精神一直延续到现在。

 第二章

威廉出世

精彩看点

法莱斯城堡遗址——城堡的地理位置——城堡周围的建筑——历任诺曼底公爵简介——爱玛与威廉的特殊关系——威廉出身卑微——罗伯特对阿劳特一见钟情——贵族与平民不能通婚——制革匠把女儿送给罗伯特——阿劳特产下一子——小威廉力大惊人——罗伯特格外宠爱小威廉——小威廉的领导气质——罗伯特计划朝圣——罗伯特立小威廉为储君——布列塔尼公爵摄政——罗伯特带小威廉前往巴黎——法王亨利一世的欢迎仪式

第二章　威廉出世

当初，罗洛征服了诺曼底，并在鲁昂立了足；现在，鲁昂比诺曼底其他所有的城市要大得多，重要得多，尽管如此，鲁昂依然没能成为历任诺曼底公爵的长久住所。征服者威廉的父亲是罗伯特，罗伯特是诺曼底公国的第六位公爵。威廉出生的时候，他正住在法莱斯城堡里。法莱斯城堡在鲁昂的西边，它和鲁昂一样，都离大海较远。城堡建在一座山丘上，离城镇较近。它早已不再适宜居住，但遗址被完好地保留了下来，为山丘增添了一种别致而悲伤的美感。游客经常会来这座城堡参观，他们想一睹大英雄和征服者出世的地方。

古老的城堡耸立在山丘上，山丘的地势看似平缓，山脚的一边却是礁石险境，另外两边的斜坡也非常陡峭，如果敌军来进攻，是很难攻克的。还有一边是一

征服者威廉

法莱斯城堡遗址。摄于 20 世纪 30 年代

条羊肠小道,把山上的城堡和山下的城镇连接起来。城堡和城镇之间的通道上有壕沟和吊桥,吊桥两边有坚固的塔,用来加强防御。一股清澈的溪流在山谷中蜿蜒流淌,经城堡周围的峭壁,穿过城镇,最后渐行渐远消失在人们的视野中。城堡四周是又高又厚的石墙,有些民居就是倚墙而建的。人们在石墙周围修建了各种各样的房屋。值得注意的是,有一座高大的方塔完全由白石砌成。据说,这座塔至今完好无损。石墙上还建有一个小教堂以及其他各具特色的房屋,这些地方不仅供贵族及其扈从、仆役居住,还供军队驻扎,储存武器。石墙一角有一座瞭望塔以及各种高耸的尖

第二章 威廉出世

塔。孤独的哨兵在这里昼夜轮班站岗,生怕有敌军进犯。他们俯瞰着这片广阔、富饶的国土——花草树木构成了美丽的田野,各种各样的植被呈现出五彩缤纷的色彩,蜿蜒的溪流在田野中闪烁着银色的光芒,农民的小村落随处可见——这些美好的画面共同赋予了这片土地生命的气息。

我们曾说过,威廉的父亲罗伯特是诺曼底的第六位公爵。而威廉作为他的直系继承人,后来成了诺曼底的第七位公爵。叙述这些内容不仅是为了用有趣的故事取悦读者,更要传授大量的历史知识。所以,我们必须简要梳理从罗洛到威廉的诺曼底公爵继位情况,从而确定威廉出世的历史背景。我们建议读者仔细阅读威廉祖先的这段简短的叙述,因为想要搞懂威廉入侵英格兰的真正原因,就需要充分了解一些具体细节。这些细节在他出世之前就已经引起了一些家庭成员的重视。根据下面的汇总可以得知,爱玛女士是第三位诺曼底公爵的妹妹,她的一生饱经世变,颇具传奇色彩,这与威廉后来的功绩都存在密不可分的关系,所以非常有必要把这段历史完整地串联起来。后续内容均按照这个主题展开叙述。

以下是诺曼底公国编年史:

罗洛,第一位诺曼底公爵
912年至917年在位

870年前后,罗洛被挪威驱逐出境,几年后登陆法兰克王国。912年,他与法兰克国王查理签订和平条约,被册封为诺曼底公爵。

此时,罗洛已经年迈,统治诺曼底5年后他将公爵爵位传给他的儿子。退位后,罗洛剩余的时间都安享晚年去了。又一个5年过去了,罗洛最终于922年薨逝。

吉约姆一世,第二位诺曼底公爵
917年至942年在位

吉约姆一世是罗洛的儿子。显然,他父亲薨逝的时候,他已经统治诺曼底5年了。他在位约25年,于942年不幸被政敌暗杀。

理查一世,第三位诺曼底公爵
942年至996年在位

吉约姆一世是第二位诺曼底公爵。这幅图上半部分描绘的内容是吉约姆一世（右）参加会议的场景；下半部分描绘的内容为吉约姆一世（右）遭刺杀的场景

父亲吉约姆一世被暗杀的时候,理查一世只有10岁。由于与法兰克国王进行了长期的艰难斗争,理查一世不得不向更多来自波罗的海的北方人求助。没想到的是,新盟友和父亲的故交却给理查一世带来了源源不断的麻烦。在盟友和敌军的双重折磨下,理查一世心力交瘁。他很难再次赶走他们,于是他决定与法兰克国王和平共处,在这个前提下让那些所谓的盟友离开他的领地。但盟友们并不愿意离开,他们说:"这并不是我们想要的!"

理查一世有一个漂亮的女儿,名叫爱玛。爱玛后来成为一个非常重要的政治人物,在接下来的章节中,我们将会看到更多的内容。

理查一世于996年薨逝,在位54年。

理查二世,第四位诺曼底公爵
996年至1026年在位

理查二世是理查一世的儿子。他父亲统治诺曼底时,一直忙着跟法兰克国王较量;轮到他统治诺曼底时,他长期受困于领地上的封臣、贵族。他同样派人向北方人请求援助。理查二世在位期间，撒克逊人和丹麦人在英格兰展开了一场声势浩大的斗争。撒克逊的王位继承人埃塞雷德来到诺曼底不久后跟理查二世的姐姐爱玛结婚了。从那以后，这件事的影响犹如雪球一样越滚越大，详情将在后面的章节中完整叙述。理查二世于1026年薨逝。他有两个儿子，分别是理查三世和罗伯特。征服者威廉正是罗伯特的儿子，理查二世薨逝的时候，威廉已经两岁了。

理查三世，第五位诺曼底公爵
1026年至1028年在位

理查三世是理查二世的长子，成功继承了公爵爵位，而他的弟弟罗伯特只是个男爵。罗伯特的儿子威廉当时年仅两岁，后来成了征服者。雄心万丈的罗伯特多么渴望自己能拿到公爵爵位啊！他用尽一切手段来取代自己的哥哥，这让理查三世感到无比焦虑和恼怒；不出罗伯特所料，他的行为的确缩短了哥哥的在位时间——理查三世于1028年突然离奇死亡，在位仅两年时间。事实上，有人认为他是被毒死的，尽管从始至终都没有找到充分的证据。

罗伯特，第六位诺曼底公爵
1028 年至 1035 年在位

毫无疑问，罗伯特成功继承了哥哥的爵位。渐渐地，太过自我的性格与他的雄心产生了巨大的冲突。他动用自己领地上的所有力量帮助法兰克国王制服他的王兄，法兰克国王和罗伯特具有相同的精神特质——都喜欢煽动暴乱、侮辱他人。罗伯特的帮助对亨利国王非常重要，事实也表明，他的处境很快就好转了。因此，亨利的王兄在谋反初期就被镇压了，可这种以下犯上的恶劣行为，罗伯特又何曾没有犯过呢？亨利国王非常欣慰能有这样的大臣为他"抛头颅、洒热血"，所以后来只要一有机会，他就会重用罗伯特。1035 年，罗伯特薨逝，当时征服者威廉年仅十一岁。

诺曼底第六位公爵罗伯特是征服者威廉的父亲。图为罗伯特的雕像,位于诺曼底地区法莱斯市的一处广场

以上仅是对这段历史的简要汇总。至于威廉出世的一些细节，我们还会进行详细介绍。

尽管诺曼底公爵的权力非常强大，几乎符合主权国家的所有特征——是世界上最富裕、人口最多的地区之一。尽管征服者威廉是这片土地孕育的孩子，但他的出世却是那么不光彩。他是罗伯特和一个贫穷的农村姑娘的私生子，这个姑娘的父亲是法莱斯的一名制革匠，社会地位并不像罗伯特那么显赫。但实际上，罗伯特在当时还不是公爵，而是男爵，他父亲理查二世还在世。当时，谁也没想到他会成为公爵，因为他哥哥才是爵位的最佳继承人。尽管如此，威廉作为公爵的儿子和潜在的继承人，他的地位还是高人一等。

罗伯特初识制革匠的女儿的情况是这样的，一天，他在回城堡的途中，看到一群农村姑娘在小溪对岸洗衣服。姑娘们光着脚，被水打湿的衣服怎么看都有种凌乱之美。其中有个姑娘，名叫阿劳特，是镇上一个制革匠的女儿，阿劳特的面容和身材深深吸引了年轻的罗伯特。骑在马背上的罗伯特用倾慕的目光目不转睛地凝视着阿劳特——白皙的脸蛋、蓝盈盈的大眼睛，她的一颦一笑、一举一动看起来是那么开朗活泼、落落大方。当罗伯特经过的时候，阿劳特正和伙伴们有说有笑，当时的她怎

第二章 威廉出世

么会想到有朝一日成为在英格兰历史上占据重要地位的人——她的未来都将和小溪对岸马背上的那个男人绑在一起。

当时，无论是王室的宫殿，还是公爵的城堡，都明文禁止贵族娶乡下姑娘为妻，即使是现在也依然如此。所以，罗伯特是不能和阿劳特结为夫妻的，但什么都阻挡不了他和阿劳特在一起的决心，他甚至把阿劳特带进城堡和他一起生活。其实，在中世纪，除了上帝的律法，贵族们已经不怎么重视传统的约束了。就像中世纪的英格兰和法国一样，社会生活的限制和义务远远超过了所有的社会群体的承受范围，他们根本就不可能服从，更别说那些贵族了。即使到现在，在那些公爵继续存在的国家里，只要是公爵认为可以做的事情，几乎都会受到公众的包容。

于是，罗伯特一回到城堡就派随从去村子里给阿劳特的父亲制革匠带信，他希望阿劳特能跟他一起生活。出于对罗伯特身份地位的考虑，制革匠显得有些犹豫不定。据说，制革匠有个弟弟，是个修道士，在离法莱斯不远的地方过着阅读、冥想和祷告的生活。他随即写信告诉弟弟这件棘手的事情，试图从弟弟那里找到答案。修道士回信讲道："遂了男爵的愿吧，

征服者威廉

不要顾及身份什么的。"制革匠这才打消了所有的顾虑。通过罗伯特男爵的心意，他预见了他的家庭即将蒙受的殊荣，想到这里，他欣喜万分。阿劳特像即将被供奉的小羊羔一样，穿上精美的礼服，悉心打扮一番，然后被父亲送进了城堡。

阿劳特住的那间房建在厚墙上。房子有一扇连接城堡内其他房间的门，还有一扇比较狭窄的窗户。站在窗前，阿劳特可以俯瞰到下面美丽、广袤的田野，她似乎还看到下面的草地在对她微笑。罗伯特对阿劳特的爱真挚而强烈，他竭尽全力带给心爱的人快乐。然而，尽管阿劳特是罗伯特在这个城堡中最爱的人，但她的房间并没有豪华的家具。至少到目前为止，我们还可以通过一些古人记录的故事进行判断。有一个故事讲了罗伯特和阿劳特的私生子出生时的一幕，呱呱坠地的婴儿抓了一大把野草[①]，并用他的小手紧紧握着，连奶妈都夺不走。奶妈对这个婴儿的勇猛感到非常惊喜，她认为这是一种预兆，预示着这个孩子终有一天会获得大量财产来证明自己。而这个初生牛犊不怕虎的婴儿就是后来的征服者

---

① 这里的野草呼应前面阿劳特的房间没有豪华家具，就连婴儿的玩具都如此简陋。——译者注

本书的主人公征服者威廉在法莱斯出生、长大。图为法莱斯一隅，绘者信息不详

威廉。试想一下，如果威廉最后没能成为英格兰的征服者，可能这个预言早就被世人遗忘了。而实际上，人们的确记下了这个故事。然而，从现在的公爵城堡看去，阿劳特房间里的大理石地板上铺满了鹅绒地毯，丝绸从她最喜欢的床边上垂下来，简洁舒适的房间极大地颠覆了我们的想象。

威廉在法莱斯长大，深受罗伯特的宠爱。威廉两岁时，罗伯特的父亲薨逝，他的哥哥理查三世顺利继承了父亲的爵位。一晃又两年过去了。期间兄弟俩内斗不断，最终以理查三世离奇身亡告终。于是，罗伯特得偿所愿，他接替了哥哥的位置，拥有了这座城堡，并统治了诺曼底公国的所有城市。

此时，威廉已经四岁了。他是个既聪明又英俊的男孩，非常招人喜欢。罗伯特本可以对这个孩子不管不顾，但他没有——他很重视威廉的成长，威廉的个头一天天长高，见识一天天增长，这所有的一切罗伯特都看在眼里，记在心里。他为小威廉感到无比自豪，又怎会不公开承认小威廉是他的亲生骨肉呢？

事实也证明，威廉的确是城堡内最受欢迎的人。五六岁的时候，他就非常喜欢扮演士兵的角色。他把城堡里其他男玩伴组成一支小部队，并在城堡附近训练他

理查三世是征服者威廉的伯父。图为理查三世的雕像,位于诺曼底地区法莱斯的一处广场

们。这群孩子富有生机，志向远大，而威廉的顽强精神和鸿鹄之志则为他在玩伴中树立了巨大的威信。他发明了一些游戏，并在游戏中领导他们。他还通过自己的智慧解决了他们的争端。总之，威廉与生俱来的气质和性格轻而易举地稳住了他的地位。尽管他只是城堡主人的私生子，但依然深受大家的宠爱和敬慕。

几年后，罗伯特打算去圣地朝拜。这个想法看似充满虔诚，实则是罗伯特为了满足他建立霸业的野心。不管是谁完成朝拜，这都是一种充满浪漫色彩的成就，无论是大臣还是君主，其军事声望都会更加崇高。罗伯特铁了心去朝圣，此去长途漫漫，危机四伏。之所以说朝圣是浪漫的，或许正是因为困难和危险赋予了它无限的传奇色彩。按照惯例，出发之前，国王要安排好他离开后的国内事务，并确立他的继承人，以防他发生意外无法活着回来。

于是，罗伯特一宣布他的朝圣计划，人们就立刻想到了继承人的问题。罗伯特从未正式结婚，也就没有儿子继承他的爵位。他有两个兄弟，一个表兄，还有其他一些亲戚，他们都觉得自己有权继承爵位，于是就开始在贵族中活动起来。每个人都在竭力游说，为自己争取爵位。殊不知，罗伯特已经在心里认定小威廉为他的继

第二章 威廉出世

承人了。他并没有直接表明什么，而是小心翼翼地放大小威廉的重要性，并尽可能地把他带入公众的视线中。威廉不仅个人魅力很突出，而且青少年时期的成就也很多。在贵族、领主和骑士眼里，无论是在罗伯特的城堡里还是出门在外，他都是个非常招人喜欢的孩子。

最后，当时机成熟了，罗伯特公爵决定召开一次大会，他召集他下属的伯爵、贵族、领主前来共商朝圣之事。他们从四面八方赶来诺曼底，随行的还有骑兵和仆人。大会召开的时候，开幕仪式一完成，罗伯特就宣布了他的宏伟计划。

罗伯特刚宣布完，勃艮第伯爵盖伊就立刻站起来对公爵说："我简直不敢相信自己的耳朵，万万没想到公爵您居然对这种计划兴趣颇浓。"他很担心公爵离开后诺曼底公国的安危。他接着说："我敬爱的公爵，国不可一日无君啊！这里的所有庄园都需要主人，我们的贵族、骑士、领主和士兵都需要人去统领。"

"不是这样的，"罗伯特说，"我会为这片土地留下一个新主人。"然后，他指着旁边的英俊男孩补充道："我这里有一个继承人，不得不承认他现在还太小了，但我相信，承蒙上帝恩典，他会变得越来越强大，并且我非常希望他成为一个英勇果敢之人。我把他介绍给你们，从现在起，他依法继承我的爵位并统治整个诺曼底公国。在我回来之前，布列塔尼公爵艾伦将摄政，代我履行职责；如果我回不来了，那就等威廉长到能够亲政的年龄时，然后把整个诺曼底公国交给他统治。"

大会上的这一声明出乎所有人的意料。布列塔尼公爵艾伦成为统治诺曼底公国的摄政，这一至高无上的荣誉令他欣喜若狂。他现在可能更倾向于以别人的名义来摄政，毕竟这件事对他来说太过偶然了。那些原本拥有继承权的人被这个意外的结果弄得晕头转向，无所适从。其余的人看起来都很高兴，因为他们的新君主是个非常英俊的男孩。罗伯特不禁感叹，他设计的所有计划是多么英明啊。他把小威廉抱在怀里，亲吻了他，然后带他离开了会场。威廉凝视着周围全副武装的战士，两只明亮的眼睛是那么炯炯有神。他们不约而同地跪下去，向他表示敬意，并宣誓效忠于他的事业。

然而，罗伯特又在想，小威廉即将面对那么多的对手实为不妥。于是，当踏上朝圣之旅的时候，罗伯特带着小威廉去了巴黎，并把他留在法兰克国王亨利一世的宫廷，这才安心离开，前往圣地。亨利一世为欢迎年轻的威廉，举行了盛大的游行，并且特意给这位小客人修建了一所宫殿。在宫殿的一间大房子里，亨利一世坐在

当时的法兰克国王为亨利一世。图为亨利一世的画像,梅里·约瑟夫·勃朗德尔(1781—1853)绘于1837年

自己的宝座上，周围站满了衣着华丽的文武百官。就在这时，罗伯特公爵衣着朝圣的装束，拉着小威廉的手进来了。陪同人员还有他朝圣途中的随从。罗伯特领着孩子走到国王跟前，他跪在国王脚下，并要求威廉也一同跪下，向国王表示敬意。和蔼可亲的国王亨利一世接待了他们，拥抱了小威廉，并答应替罗伯特好生照顾他。朝臣们被这个男孩英俊的外表和高贵的气质深深吸引了。当看到周围光彩夺目的景象时，小威廉似乎有些畏怯，于是，原本活泼的表情中流露着一些严肃。那时，他才九岁呢！

第三章

威廉登基

精彩看点

罗伯特拜别亨利一世——罗伯特在君士坦丁堡举行盛大游行——罗伯特朝圣途中病倒——罗伯特偶遇老乡——罗伯特抵达耶路撒冷——罗伯特死于归途——爵位继承权再引争议——威廉在巴黎接受良好教育——威廉进步很大——阿尔克斯打算占领诺曼底——罗伯特的骑士回到诺曼底——艾伦接见归来的骑士——艾伦计划接回威廉——犹豫不决的亨利一世——威廉平安回到诺曼底——诺曼底动荡不安——威廉难分敌友——威廉与亨利一世的斗争——泰利埃城堡失守——法莱斯城堡遭围攻——威廉急中生智解除城堡危机——威廉饶恕叛变的城堡总督——威廉彻底击退亨利一世——诺曼底恢复宁静——威廉的加冕礼

第三章　威廉登基

在巴黎待了数日后，罗伯特拜别亨利国王，离开了小威廉，带着随从开始了他的朝圣之旅。他经历了各种危险，但本书主要讲述威廉的事迹，而不是讲他的，所以这里就不做详述了。虽然他的确是以朝圣者的身份远行的，但还是会经常参加一些盛大的游行。参观完罗马，履行了与朝圣有关的各项义务后，罗伯特脱下朝圣者的装束，以诺曼底公爵的身份前往君士坦丁堡。在君士坦丁堡，他大肆炫耀自己的财富，显示自己的高贵。例如，在君士坦丁堡，举行盛大游行时，他骑着一匹骡子，穿着华丽的服饰和镶着黄金的鞋子。鞋子上的黄金是罗伯特故意镶上去的。当骡子走着的时候，他故意抖掉了鞋子，随之而来的就是平民的哄抢。之所以这么做，是为了让他们明白骑士多么富有，

早期的君士坦丁堡,出自《纽伦堡纪事报》上的插图

其身份多么显赫。离开君士坦丁堡后,罗伯特重新穿上朝圣者的装束,继续向圣地前进。

然而,这趟远行并没有想象中那么遥远,也没有经过很长时间。有一次,罗伯特病倒了,高烧不退的他受到其他人意志力的感染,恢复了体力。但无论是骑马还是步行,他都不能仅靠自己前进,要是有辆四轮马车该

第三章　威廉登基

多好啊，只可惜当时还没有这种发明。于是，他们为公爵准备了一个担架，然后雇来十六名摩尔奴隶。这十六名奴隶被分成四组，每组四人，轮流抬着公爵前进。罗伯特和他的随从轻蔑地看着这些黑人异教徒奴隶。一天，一名诺曼底人完成了他的朝圣之旅，在返回诺曼底的途中遇到了罗伯特一行人。

他问罗伯特公爵："您需要给家里的朋友寄信吗？如果需要的话，我很愿意效劳。"

罗伯特说："当然，告诉他们你看到我正在去圣地的路上，还带着十六个恶鬼。"

罗伯特抵达耶路撒冷，朝圣结束后，就开始返回家乡。不料途中偶遇的诺曼底人刚把口信带回巴黎不久，罗伯特就在回家的途中薨逝了。虽然人们对他的死亡表示出不同程度的怀疑，但事实很快就被证实了，这个消息令所有人的心头都为之一震。很快，罗伯特的两个兄弟和表兄就宣称他们应该是继承王位的人，而威廉不是，当初他们只是暂时搁置了他们的主张，而不是彻底放弃。他们开始在各自的领地上聚集力量，并准备在必要的时候为自己的继承权而战。总之，他们全然不顾曾经效忠威廉的誓言，一心只想着为自己谋取公爵之位。

与此同时，当时还在巴黎的威廉只有十一岁，他在那里接受了全面的教育。更令人惊叹的是，虽然他还是个小孩，但不仅长得英俊，而且才华横溢。一个叫泰鲁德的军事老师一直照顾着他。泰鲁德是一名老兵，长期侍奉法兰克国王。对于这个年轻学生的进步，他感到非常欣喜。他教威廉骑马，带他练习各种招式，这些招式都是打仗时常用的。他还教他使用各种武器——弓箭、标枪、刀剑和矛。在训练的日子里，威廉还习惯了穿戴战时盔甲负荷训练。年轻的威廉王子很喜欢这种收身效果较好的盔甲，但在平时公开的军事演习和训练中，士兵们更习惯穿自己的私服。这些铁制盔甲不仅非常重，而且穿着极不舒服，但在年轻的王子和公爵们看来，能穿上它是多么自豪啊！

正当威廉在巴黎接受军事教育时，他的诺曼底公爵之位受到几个竞争对手的威胁。其中实力最强、最突出的竞争对手是阿尔克斯伯爵，他的名字也叫威廉，但为了把他和年轻的威廉王子区分开来，我们叫他阿尔克斯。阿尔克斯是罗伯特的兄弟，他坚称罗伯特没有合法的继承人，他才是无可争议的继承人。阿尔克斯集结了他的军队，准备占领诺曼底。

当罗伯特离开诺曼底开始他的朝圣之旅时，他已经

中世纪欧洲士兵的装束

任命艾伦代为管理诺曼底公国，直到他回来。如果他回不来了，那就等威廉长大后继位。艾伦负责政务，还组建了摄政委员会。摄政委员会在艾伦的领导下，一致宣布年轻的威廉才是诺曼底公爵。接着，他们就开始以威廉的名义执政。当他们发现阿尔克斯伯爵准备进攻政府时，他们也开始集结兵力。至此，双方形成了势均力敌的局面。

然而，他们开战之前，陪同罗伯特朝圣的骑士回到了诺曼底——自从他们的领袖薨逝后，他们就一路散漫地回了家。这些骑士都出身贵族，不仅地位高，而且影响力很大，每个竞争者都渴望得到他们的支持。他们除了能给这些竞争者带来实实在在的军事力量之外，还能在道德上给予巨大的支持，这是非常重要的因素。漫长而危险的朝圣之旅在他们心中注入了浪漫的情怀和虔诚的美德，所有人向他们投以崇拜、敬畏的目光；此外，他们是被罗伯特选中的人，他们陪他一起经历了漫长而危险的朝圣之旅，即使他病危，他们也不离不弃地一如既往地侍奉他，直到他薨逝的那一刻。此等忠义，人们怎能不把他们当成罗伯特最可靠的朋友呢？显而易见的是，由于诸如此类的因素影响，在即将到来的斗争中，他们会为他们的支持者争取更大的

骑士是欧洲中世纪时,受过正规军事训练的骑兵,后来演变为一种荣誉称号,用于表示一种社会阶层。由于骑士阶层遍布欧洲各个角落,逐渐成为君主或贵族争相拉拢的对象。图为一名孤独的骑士,绘于1882年,绘者信息不详

道德力量。

　　骑士们一抵达诺曼底，就拒绝了来自四面八方的拉拢，果断地加入了年轻的威廉的阵营。艾伦在摄政委员会办事处接见了他们。会议上，他们讨论的主要问题是威廉是否该被接回诺曼底了。有些人认为他还只是个孩子，无法在即将到来的斗争中表现出压倒性的优势，一旦暴露，他极有可能被俘甚至遭暗杀。所以，他们认为他应该在法兰克国王的保护下，继续留在巴黎。

　　还有些人强调威廉参加斗争的重要性，他们认为这个男孩会激励和鼓舞他的追随者，并唤醒各地人民对他的事业的支持——他的柔和与无助会强烈吸引每一颗慷慨的心，他年轻时的成就和个人魅力会吸引成千上万的人。如果他当时没有离开，他们是不会忘记他的，又怎么会抛弃他呢？此外，在亨利国王的监护下，他真的会安全吗？恐怕很难确定。亨利国王可能会因为爵位空缺收回诺曼底自行统治，这可是他梦寐以求的事情。在这种情况下，他极有可能把年轻的威廉软禁在他的城堡里，这种做法看似光彩体面，实则令人哀哀欲绝。他甚至会命人偷偷给威廉下毒，这种残忍的手段一定会害了威廉的命。

　　后者的劝告最终占了上风。艾伦等人派大使到亨利

第三章 威廉登基

国王的宫廷接威廉回家。亨利不仅没有同意威廉离开，还百般刁难大使。这令艾伦等人无比焦虑。他们担心亨利会真的像他们所猜想的那样。他们重新派了一名大使，这次亨利国王的要求比之前的还要过分。最后，经过长时间的谈判和周旋，亨利国王这才决定放弃他的坚持，让威廉启程回乡。此时，威廉已经十二三岁了。他的军事教师泰鲁德陪他一同返乡。艾伦之前派出的大使也陪着他。一路上，骁勇的护卫队护他周全。最后，他平安地回到了诺曼底。

一枚古代的货币，上面的人物头像为征服者威廉

威廉在诺曼底的出现产生了预期的效果：唤醒了人们支持他的满腔热忱。士兵们看到他们英俊而年轻的指挥官在马背上奔驰，别提有多开心了。事实上，他是一名非常优秀的骑手，他比其他男孩都更喜欢马。当然，由于为他提供的都是品种优良、行动迅捷的马，加之泰鲁德给了他最好的和最完整的教导，所以他骑着快马穿过营地时表现得非常出色。紧随其后的是衣着华丽的老兵，他们跟在队列后面是那么神采奕奕。威廉英俊的脸上流露着一种与生俱来的才智，加上发自内心的兴奋，他的容光更加焕发了。关于军队的指挥，虽然实权还握在艾伦手中，但每项任务都是以威廉的名义下达的。从所有的外部标志和象征看来，这个男孩拥有最高指挥权。当对方最无助、最脆弱的时候，人的忠诚是最强烈的，艾伦发现，如果扶持这个英俊的男孩登基，那他的权力也会跟着扩大。

然而，一切并未尘埃落定。阿尔克斯伯爵坚守他的领地，其他竞争者也在各自的领地厉兵秣马，蓄势待发。那段时间，诺曼底四分五裂，各地由男爵统治。男爵们携仆人住在城堡里，他们用一根铁棒代表权杖，统治着所在的地区。男爵们陷入了无休止的斗争中。为了报复，他们不仅将公家的土地占为己有，还觊觎邻居的领土。

第三章 威廉登基

威廉刚回来的那段时间,整个诺曼底弥漫着动荡不安的浊气。混乱之中,威廉政府几乎分不清敌友。有一次,一名大臣代表威廉拜访这些男爵,劝说他们集结军队加入威廉旗下,因为他们有责任这么做。可他们都觉得自己已经够独立了,就向大臣发话:"我们已经在解决内部争端方面耗费了大量精力,哪还有闲工夫搭理他的事情啊!"

诺曼底动荡不安的状态持续了一两年时间。期间,威廉还一度卷入了与亨利国王的斗争中。从巴黎回到诺曼底两三年的威廉已经十五岁了。亨利命威廉到埃夫勒镇向他行效忠宣誓礼,这个小镇在诺曼底境内,位于法莱斯和巴黎之间。威廉的顾问团中有人质疑到底怎么做才是最明智的呢?是服从还是不服从?他们最终得出结论,还是服从为好。这次远行的准备工作做得非常充分。当一切准备就绪时,年轻的公爵在这个伟大的公国举行了盛大的游行,迎接他的君王。

接下来的几天,威廉与亨利国王不仅进行了会晤,还举行了很多仪式。这段时间,威廉一直待在埃夫勒,某种意义上说,他仍然受亨利国王的控制。他还是小孩子的时候就在亨利一世的宫廷里生活,已经习惯了把亨利一世当父亲看待。即便是现在,他对亨利一世的态度也一如往常地怀有一份崇高的敬意。亨利一世与威廉见面时表现得不仅傲慢，而且专横，仿佛威廉自始至终都是他的仆从似的。

威廉公爵的领地边界上有一个城堡，紧挨着亨利一世的领地。这个城堡是泰利埃，戍守的总督是一位忠实的老兵，名叫德·克里布。威廉的父亲罗伯特曾把城堡交托给德·克里布，还派给他一批驻军保卫这里。现在，亨利一世就这个城堡的问题向威廉发各种牢骚。他说，驻军三天两头入侵他的领土。威廉对此表示了歉意，并表示，如果事实果真如此，他一定会立刻制止。但亨利一世对这个回答并不满意，他说："你必须把城堡交给我，否则我一定亲手摧毁它！"威廉对这个过分的要求感到义愤填膺，但他已经习惯了——无论亨利国王让他做什么，他都要服从。最终，他不得不下令把城堡拱手让人。

然而，当城堡总督德·克里布收到命令时，他拒绝服从。他说："戍守城堡是诺曼底公爵罗伯特交托给我的重任，我是不会把它交给任何外国势力的！"果断的回答传到了威廉和他的顾问团那里，他们对亨利一世专横的要求表现得比之前还要愤怒，拒绝服从的意愿也变得越来越强烈。然而，威廉仍然要权衡双方的实力。冷

第三章 威廉登基

静思考之后,他们觉得抵抗是徒劳的。于是,他们为了说服德·克里布让步,发布了一条更严厉的新命令。最终,德·克里布遵守命令,放弃了坚守,带领驻军撤出了城堡。威廉这才逃离埃夫勒。他回到家后不久,城堡就被夷为平地了。

显然,这一事件引发了法兰克王国与诺曼底公国之间的敌意。仇恨犹如一根绷紧的弦,在这片人口稠密、物产富饶的土地上拉扯着,任何一方随时都会发动战争。很快,仇恨通过反击和报复行为表现出来,最终爆发了一场战争。当时,亨利一世带领他的军队进入诺曼底,占领城镇,摧毁城堡。尽管诺曼底的居民顽强抵抗,但还是敌不过毁灭这片土地的大火和刀剑。最后,亨利一世包围了法莱斯城堡。

面对岌岌可危的局势,威廉和他的政府一时间竟不知所措。好在事态逐渐好转,幸运的天平开始向他们倾斜。威廉拯救了小镇和法莱斯城堡,这一壮举实在是太了不起了。然而,就在亨利一世快要投降的紧要关头,城堡总督为虎作伥,竟然跟亨利一世联合起来。故事是这样的,亨利一世向城堡的总督行贿,让他放弃城堡。在责任与利益面前,总督选择了后者。他不仅出卖了城堡,还款待了亨利一世。正当他准备这么做的时候,威廉已经成了一位坚决果敢的诺曼底领袖。威廉带领部队突袭了包围城堡的军队，分散了敌军的兵力，迫使其放弃围攻。城里的居民和城堡的守军都因为获得救援而感到无比高兴。他们得救了，同时他们也看见了一位英俊的骑士。他们犹记得他是那个当年在城堡周围玩耍的淘气的小男孩，一时之间，所有人都沉醉在快乐中。近乎疯狂的欢呼声弥漫在小镇的上空，为了欢迎威廉回到童年的故乡，他们表现出前所未有的欢喜。而那个叛变的城堡总督则受到了宽大处理。或许是因为大家的欣喜唤起了威廉的仁厚之心，也或许是因为没有充分的证据坐实他叛徒的身份。所以，根据当时的军法，即使他真的犯了罪，他们也不会剥夺他的生命，顶多是免除他的职务，没收他的财产，同时还要保留他的自由之身。

在此之后，威廉的部队继续攻守了一段时间，这才成功击退了法兰克国王。但诺曼底的危机并未完全解除，他的叔叔阿尔克斯伯爵的威胁越来越近。阿尔克斯伯爵利用威廉对抗亨利国王的空档，再次加强了自身的兵力，巩固了阿尔克斯城堡的防御。阿尔克斯位于诺曼底东北部，毗邻海岸，那里分布着古城堡的遗迹。伯爵在城堡的岩石顶上造了一座塔楼。塔楼牢不可破，敌军很难进犯。伯爵自认为只要出现紧急情况，他完全可以带领几

第三章 威廉登基

阿尔克斯城堡遗址

名精兵悍将撤退到那里,共同抗击敌军。在城堡里,伯爵的军队规模已经相当庞大。威廉率部队将他们围困在阿尔克斯城堡里。与此同时,远离诺曼底的亨利国王开始集结兵力准备营救阿尔克斯伯爵。

事已至此,威廉只好派自己的得力助手继续围攻阿尔克斯伯爵,而他自己则腾出身来带领剩余的部队去拦截亨利一世的大军。最终,威廉在如此特殊的情况下取得了这场战役的胜利。他年纪轻轻就立下赫赫战功,自然是赢得了巨大的赞誉。

如果没有记错,亨利一世在前往阿尔克斯的途中不得不经过一条狭长阴暗的山谷，山谷两边峭壁丛生，森林茂密。亨利大军正穿过这条危险的峡谷，他的队伍犹如一条长龙迤逦前行。最前面的是重步兵组成的先锋护卫队，他们装备着战斧和长矛以及其他类似的攻击性武器。紧随其后的是运输行李、帐篷、粮食、武器等物资的队伍，再后面是一群仆人——厨师、车夫、劳工等等，战斗一旦打响，他们就是一群毫无用处的非战斗人员。但实际上，无论是在战时还是在行军途中，他们都是一个军队不可或缺的组成部分。最后，国王在近卫军的护送下，率领主力部队赶到这里。主力部队由骁勇善战的枪骑兵和披甲步兵构成。

威廉想出一个法子，他要把这支很难打败的大军诱入自己的埋伏圈。于是，他挑选出最狭窄也最危险的那段路，在那里埋伏大量诺曼底士兵。这些士兵手持枪、箭，小心翼翼地隐藏在斜坡上的灌木丛和岩石之间。然后，他在山谷中指挥其余部队，并派他们前去迎击亨利大军。这支迎击亨利国王的部队，在与亨利一世的先锋护卫队稍稍接触就佯败而去，仿佛他们就是威廉的所有兵力似的，但实际上，他们只是迷惑敌人罢了。之后，当亨利一世的大军到达诺曼底军队埋伏的位置时，他们就会从斜坡上的灌木丛中一涌而出，打了对方一个措手不及。

欧洲中世纪的枪骑兵。森西·鲍尔达奇(1794—1880)绘

这个计划安排周密,执行果断,自然取得了满意的结果。诺曼底那支小部队的佯败,彻底骗了亨利的先锋护卫队。他们认为这就是威廉的全部兵力。因此,他们洋洋得意地加速前进。

诱敌深入成功的消息传来了,远处山谷中响起了诺曼底士兵疯狂的欢呼声,他们恨不得马上与敌人厮杀。整个山谷充满了呐喊声和尖叫声;那些背行李的人甚至打算丢下行李轻装上阵;人们前赴后继,都想一显身手。骑兵全速前进,整个队伍士气高涨。在如此杂乱不堪的情况下,又有谁会在意命令的执行与否呢?事实上,大多数人都把注意力集中在一种强烈的渴望上,他们希望一鼓作气踏进胜利的殿堂,就像是演了一出舞台剧似的。

亨利大军在混乱中继续前进,最后来到诺曼底士兵埋伏的位置。他们像往常一样,在狭长的山谷中毫无顾忌地前进。突然,山谷一边的高地和另一边的灌木丛突然射出了密密麻麻的武器,这令他们大为震惊——令人发怵的箭、标枪、长矛刹那间击倒了数百人,其余的人无不做惊愕状。第一次袭击成功后,先前隐藏的士兵就像被某种魔力吸引了似的,犹如山洪暴发般倾泻而出。亨利一世已经完全无法控制眼前的混乱。他的将士们惊慌失措地逃跑,在山谷中寻找安全的躲避之处。军心涣

第三章 威廉登基

长矛兵是古代战争最有效的兵种,所有的长矛一起向前组成一道不可逾越的木制长城,以排山倒海的气势击溃一切当面之敌。图为欧洲中世纪长矛兵战斗的场景。汉斯·霍尔拜因(1497—1543)绘于16世纪

散,自相践踏,走向毁灭。一两天之后,亨利一世才收拾了残余部队,并建立了营地。

有个例子恰好说明了威廉谦逊的性格和良好的品质。战役结束后,他没有摆出一副不可一世的姿态,相反,他派出一位彬彬有礼的大使,承认亨利一世依然是他的君主,并恳求对方的庇护。然而,尽管他声称要仰仗亨利一世,但实际上他真正相信的是他自己的武装。现在,整个诺曼底都因这个年轻男子所取得的惊人成就而激动不已。而威廉并未沾沾自喜,他骑上他的马,并号召那

些想要追随他的人，率领他们全速前进，来到阿尔克斯城堡。他带着胜利的消息突然出现在这里，极大地鼓舞了士气。很快，他们就占领了整座城堡。叛军首领阿尔克斯伯爵逃跑，他并派兵追击，最后有效地结束了叛乱。诺曼底四海升平，威廉顺利地成了公国的主人。

凯旋的威廉在法莱斯举行了庄严的加冕仪式和盛大的游行。一时间，整个诺曼底都沉浸在欢歌笑语之中。

第四章

威廉统治诺曼底

精彩看点

二十年时光一晃而过——勃艮第伯爵盖伊的阴谋——弄臣盖里特——阴谋者的计划——盖里特发现端倪——盖里特叫醒熟睡的威廉——威廉死里逃生——威廉被认出来——休伯特的儿子护送威廉——休伯特糊弄阴谋者——阴谋者自乱阵脚——威廉收服叛军——"特堤路"——盔甲上的小学问——叛军首领是威廉旧友——左右为难的托斯顿——威廉成功镇压叛乱——艰苦贫寒而又趣味无穷的古代城堡——骑士瞧不起普通百姓——威廉的出身再引争议——威廉遭敌军羞辱——威廉援助亨利一世反遭其嫉恨——威廉逐步稳固地位

第四章　威廉统治诺曼底

威廉先是恢复了公国的安宁，后又入侵英格兰，这期间隔了足有二十年之久。这二十年里，威廉统治着诺曼底公国，他镇压了叛乱，建造了城堡，建立了城镇，参与了战争，改革了民政机构。不得不承认，他以一种灵活多变且卓有成效的方式行使了政府的所有职能。他展现了中世纪一个独立公国的伟大军事领袖的形象。威廉一生中饱经世变，本章将详述他的种种过往。

一次，有人蓄谋暗杀威廉。暗杀行动的头目是威廉的叔叔勃艮第伯爵盖伊。盖里特是威廉宫中的一名弄臣，他发现并揭穿了这次阴谋。当时，高高在上的王子们的随从中都有几名弄臣。这些弄臣行为古怪，做事荒唐。他们衣着华丽，平日喜欢装疯卖傻。也正因如此，死气沉沉的宫廷变得富有生机。而前面提到的弄臣盖里特，他同时兼任威廉的贴身侍卫。

距诺曼底较远的地方有一些幽暗的城堡，现在被勃艮第伯爵盖伊和他的同伙霸占了。他们聚集在一起，谋划他们的"事业"，寻找兵力和其他资源——他们行事狡猾，进出隐秘。此次暗杀行动的计划尚不完善。这时，恰逢威廉带着一群人在城堡附近狩猎，盖里特也在其中。既然是外出狩猎，想必他们肯定会举办一场精彩的聚会。

勃艮第伯爵盖伊和他的同伙得知威廉就在他们附近，他们决定不顾计划不完善的现实，立即行动，埋伏在威廉狩猎的返程途中，伺机将其刺死。

为了避免当地百姓的怀疑，勃艮第伯爵盖伊等人先后离开他们的秘密集结地，前往巴约镇。他们判定巴约镇是威廉回到法莱斯的必经之地。于是，他们私下商定了临时行动计划。他们把所有人分成若干小分队。这些小分队分别埋伏在各个通道上，以便到时候切断威廉逃跑的所有路线。在他们看来，计划已经制定得天衣无缝，所以活捉威廉不过是手到擒来的事情。

然而，事实并非想象中那么一帆风顺。威廉的一位随从先于威廉抵达巴约镇。镇上的居民没有发现那些叛乱者的到来，因为当许多骑兵和步兵同时出现在小镇的时候，居民们没办法区分出谁是公爵的朋友，谁是公爵的敌人。

一幅玻璃窗花,上面的人物为勃艮第伯爵盖伊

盖里特在镇上闲逛的时候，他发现有许多士兵都不是公爵的部下。该现象引起了他的注意，于是他开始观察这群陌生人的动向。为了捕捉他们在街上交谈的信息，他就装作若无其事的样子去偷听。很快，他意识到大事不妙。他立刻扔下帽子和铃铛，脱下那件古怪的衣服，找来一根棍子拿在手里；他要步行回去第一时间找到公爵，并报告此事。夜里，盖里特赶到珐琅格斯村，公爵正在这里落脚。盖里特不顾侍卫的阻拦，急匆匆地冲进了公爵的房间。尽管侍卫们对他的莽撞行为感到不悦，但他们已经习惯了他的行事风格。进去之后，他发现公爵已经睡着了，于是他不得不用非常严肃的声音叫醒公爵（他平常更喜欢嬉皮笑脸），因为他知道公爵已经危在旦夕。

起初，威廉压根儿不相信盖里特所说的话，更别说害怕了。但他很快就确信盖里特的判断是对的，这才提高了警惕。他站起来，匆忙穿上衣服。事情发生得太突然了，一时间，他不知道该相信谁，所以他觉得不相信任何人才是明智之举。他走到马厩，牵出自己的马，骑着马跑了。他走的路非常狭窄。就在盖里特忙着向公爵汇报危险在即的消息的同时，叛乱者们也在向同一个地方前进，准备把珐琅格斯围个水泄不通。威廉刚离开住处，他们就对那里发起了袭击。他还没走多远就听到了远处奔腾的马蹄声以

第四章 威廉统治诺曼底

及叮当作响的铃铛。叛乱者发现威廉已经逃走,便快马加鞭去追。威廉急中生智,赶忙跑进树林,这才躲过一劫。

威廉在藏身的地方待了一段时间后小心翼翼地走出树林,然后继续上路了。即使是夜间,他也不敢出现在大路上,所以他只好走一些迂回曲折的小道。最后,他来到了海边。黎明时分,他正好路过一处宅子,他原以为这么早不会被人发现。突然,他看到一个人坐在大门口,全副武装,好像在等什么。这个人叫休伯特,是一位贵族,他正在等他的马。休伯特一眼就认出了威廉,他感到非常惊讶,

一块挂毯,上面织出了几名骑兵,他们正在追杀威廉王子

就跟威廉搭讪道："哎呀，我的公爵，真的是你吗？"此刻，休伯特惊讶地看着眼前这位诺曼底公国的统治者，没想到他竟然落入这般境地，整个人看起来是那么孤独无助，面容尽显疲态，衣着狼狈不堪，就连他的骏马也是一副气喘吁吁、灰头土脸的样子。显然，他已经筋疲力尽了。

威廉心想，既然已经被认出来了，何不向他讲述一下自己的经历呢。休伯特得知事情的来龙去脉后，把他城堡里的一位房客绑了起来，因为这个房客正是暗杀威廉公爵的主谋之一。按照当时的封建思想，他必须对公爵肝脑涂地，忠心不二。他告诉威廉公爵："我没有什么可害怕的。我一定会把您的命当成我自己的一样去保护！"说罢，他立刻喊来他的三个孩子，吩咐他们上马。这三个孩子都是青年男子，他们不仅非常健壮，而且十分勇敢。休伯特把公爵带到他的城堡里，给了他食物。接着，他又把公爵带进后院。威廉看到三位整装待发的年轻骑兵，还有一匹休伯特为他准备的骏马，这马看起来是那么强壮、矫健。威廉立刻上马。休伯特命他的儿子们把公爵安全送回法莱斯，并告诫他们切勿进入城镇或为了省劲儿走宽阔的马路。于是，他们横穿诺曼底——当时的诺曼底可能和现在一样，几乎一贫如洗——最后把威廉安全送回了他的城堡。

这天清晨，追杀威廉的人来到了休伯特的城堡。当被

第四章 威廉统治诺曼底

问到是否看见公爵从这里路过时,休伯特回答是的,他甚至骑上马,给这群人指出了"逃犯"逃跑的方向。他怂恿他们快马加鞭,不然很难赶上他们的目标。在休伯特的指引下,他们怀着极大的冲劲和热情出发了,但实际上,休伯特故意指错方向,所以他们只会在错误的道路上越走越远。最后,他们放弃了追捕。休伯特带着败兴而归的追捕者回到了他的城堡。而这时威廉早已安全回到法莱斯了。

很快,追捕者意识到,已经没有必要再去隐藏他们的计划了。因为他们已然暴露了,威廉肯定会立即集结军队来讨伐他们。因此,他们只有两条路可走,要么离开诺曼底,要么公开造反。可最终的结果却是他们自乱阵脚,发生了内讧,威廉不战而胜。他收服了大量叛乱者,并采取了一项非常独特的措施惩罚他们,也算是为这次胜利留个永久的纪念:根据休伯特的儿子们当时护送他走过的路,役使那些叛乱者修一条横穿公国的路。诺曼底公国的大部分地区地势凹陷,遍布沼泽,修路时肯定得避开这些地方。然而,威廉的监工却发现,叛乱者正在偷偷地修一条梯状的路堤①,只为在时机成熟时逃走。后来,人们在路堤上

---

① 路堤是指路基顶面高于原地面的填方路基。——译者注

修了一条大道,这条大道成了诺曼底公国的交通要道。几个世纪以来,它一直是诺曼底公国车流量最大的公路之一。它被命名为"特堤路",在整个公国中家喻户晓。时至今日,它已经残破不堪,跟古代其他废弃的路堤别无二致。

据讲述故事的历史学家所说,在威廉与叛乱分子交战的过程中,发生了一件特别奇怪的事情。如果真有此事,那它恰好体现了那个时代的浪漫主义和骑士精神。就在战斗打响的时候,威廉察觉到一支强悍的、装备精良的骑兵部队正站在不远处,准备包围他的部队。当时,骑士们在战斗中所穿的盔甲掩盖了整个身体和面部,即便是熟人和朋友也无法认出对方。所以,他们习惯于在盔甲上穿戴某些象征性的物件,例如在盾牌上镶个他们能彼此识别的小花纹或挂个小旗子。这些盔甲代代相传——子孙后代为自己的穿着感到无比自豪,因为那上面有他们父辈留下的痕迹,这些痕迹象征着荣耀和名望。有时候,异族通婚时,不同首领的盔甲要么相互融合,要么用各种方式加以区分。他们就是在这些细微的变化中把盔甲世代传承下去的。纹章学的起源就来自这里。

现在,骑兵们正冲锋前进。正如上面描述的,每个人的装备上都有一面小旗,有的还直接挂在自己的长矛上。威廉仔细打量着这群骑兵,不一会儿,他就认出了其中一

欧洲中世纪的骑兵装备

欧洲中世纪骑兵交战的场景

位首领,那不是当年支持他的托斯顿吗?先前,威廉的父亲罗伯特准备朝圣的时候,就把托斯顿安排进摄政委员会了。托斯顿曾宣誓对威廉忠贞不渝。于是,威廉大喊道:"天呐,这些都是我的朋友啊!"那些和他站在一起的军官和士兵也跟着大喊:"朋友!朋友!"托斯顿和其他慢慢走近的骑士正准备进攻眼前这些人时,却惊讶地发现原来是威廉,这才赶紧停了下来。托斯顿对他周围的骑兵说:"我是他的朋友,我曾向他的父亲发誓要不惜生命护他周全。今天早晨,我还在心底默默发誓,要效忠于他。"科根特伯爵是叛乱的一级头目。托斯顿说道:"我要在战场上找到威廉,还要第一时间向他发起攻击,想想就觉得可怕!怎么办,我到底该怎么办啊?"他的一个同伴回答道:"两边都不要得罪!先上去轻轻打他几拳,然后尽全力去保护他。"队员们欢呼不已,非常支持这个提议。托斯顿骑马走在队伍最前面,他的骑兵们跟在后面,他们打着手势,大声喊叫,向威廉示好。他骑到威廉跟前,告诉威廉他曾发誓要打败他,然后假装在他肩上打了一拳。于是,威廉肩膀和手臂上的钢盔铁甲被打得叮当作响。几个小时之前,托斯顿和他的部队还在为科根特伯爵卖力,现在却反过来效忠威廉,此举着实令人感动。他们勇敢无畏,不分昼夜地作战。

征服者威廉

尽管威廉在战斗中取得了胜利,并成功镇压了一次又一次的叛乱。但一切并没有结束,频频爆发的战乱使他的公国陷入了持续混乱的状态。而在当时,首领、贵族和骑士构成了高层的社会阶级,他们只有积极参与军事活动才能为自己赢得尊敬和社会影响力。他们获得快感、赢取荣耀和享受生活的方式,除了战斗别无他法。岩石山顶上的巨大堡垒就是他们的住所,当时那里是多么美丽怡人啊,可惜现在望去只剩一片荒芜。这些堡垒不但成了敌军入侵时当地居民的绝佳避难所,而且也是他们集中力量制造武器的军事基地。但在和平年代,它们看起来是那么毫无生气,以至于让人心生忐忑不安之感。

今天,我们很难再去想象,看似舒适安逸的古代城堡,与现代住宅相比,却是那么艰苦贫寒。城堡尽可能建在常人无法接近的地方,墙、门、沟渠和吊桥成了必不可少的障碍物。通道里的门,也就是墙上的窗户,离地面大约十到十五英尺①,无论是来犯的敌军还是来访的朋友,他们只有通过爬梯子才能上去。城堡内的地板是石头制成的,光秃秃的墙壁上什么也没有,天花板则是一连串褶皱的拱

---

① 1英尺等于0.3048米,这里所说的墙体窗户与地面相距约3至4.6米。——译者注

第四章 威廉统治诺曼底

形。房间并不宽敞,分别设在每层楼里。但与现代宽阔、明朗的住宅相比,这些类似牢房的公寓反而趣味十足。这里视野开阔,人们不仅可以看到城堡近处迷人的景色,还可以看到远处广阔的风景。与现代住宅不同的是,古代城堡的窗户是狭窄的环形洞,每一个都位于厚厚的墙壁深处。一旦窗户造得太宽,不仅会招来弓箭和标枪轻而易举的围攻,还会遭遇冬季暴风雨的侵袭。这些荒凉的屋子里没有书籍、家具,也没有盔甲,更没有发自肺腑的快乐,有的只是骑士们的比武大会和喧闹的酒宴。

这些勇敢的骑士和高贵的贵族找不到有力的办法为自己赢得一席之地。他们除了能征善战,再无其他值得尊敬的地方。他们鄙视那些在生活中辛勤劳作的普通百姓。在农场劳作、饲养牛羊、艺术创作、制造物件、做生意——这些工种没有哪一个是无用的,可他们始终瞧不上。事实上,他们的后代甚至英格兰人都抱有这种观念。年轻的孩子会被长辈送到陆军或海军,从此,他们的一生跟杀戮和毁灭息息相关。他们时而伺机行动,时而好吃懒做,时而放荡不羁,时而罪大恶极,他们从不会为自己的行为感到羞耻。英格兰以各种方式参与到这一宏伟的和平事业中,其荣耀是永恒的,但其耻辱也再无挽回的余地。一位年轻的贵族可以在最不起眼的官位上服役,只要不被降级,哪怕付出生命的代价他也愿意；但如果是为了单纯地发动一场战争而付出生命，那他不仅不会受到尊敬，还会遭遇整个阶级的抛弃。

威廉公爵时代的骑士和贵族的特点都体现在这里了。他们厌倦和平，因为只有战争才能满足他们的欲望，才能体现他们的价值。也许正是由于这个特点，但凡有人威胁威廉的统治权，贵族们首先想到的就是起兵、参加叛乱。但不管怎么说，对于威廉的继承权，始终存在一个永不消逝的声音，那就是反对。这个想法在人们心里已经根深蒂固了。由于母亲的缘故，威廉的出身非常卑微，甚至不光彩，他们实在无法接受他，更别说推举他为诺曼底公爵的继承人了。威廉的敌人已经习惯了用非常无礼的绰号来称呼他，这个绰号从他出生的那一刻就产生了。虽然他宽宏大量，并不在意那些人对他的恶意中伤；但他们对他母亲的侮辱总是深深刺痛他，唤起了他无比强烈的怨恨。其中有一件事情非常引人注目，几乎所有记录威廉的史书中都提及过这件事情。

一次战争中，威廉调集全国各地的兵力进攻一座城堡。这座城堡固若金汤，除了城墙的自然防御，还有许多精兵悍将把守。无论是士兵数量，还是应战能力，他们都信心十足。因此，当他们得知威廉要进攻他们时，只派出了一

第四章 威廉统治诺曼底

支小分队去应付了事。然而，这支小分队并不打算跟他公开打一仗，而是埋伏在适当的地方，等到威廉的部队经过时，伺机攻打对方。但他们由于掉以轻心，士气涣散，所以并未察觉到一支部队正向他们逼近。

向来谨慎的威廉一刻也没有放松警惕。他以充沛的精力袭击了这支伏兵，打得对方四下逃跑。伏兵一路逃回城堡，威廉和他的部队紧随其后。他们逃入城堡后，城门守军几乎没有时间升起吊桥抵御威廉大军的攻打，从而保证城堡的安全。好在他们争分夺秒，成功关上了城门。但威廉并未善罢甘休，他在城下安营扎寨，对城堡展开了持久的围攻。

之前的埋伏策略失败了，守军不禁恼羞成怒。伏兵败给威廉，本就是一件很不光彩的事情；加之他们灰溜溜地逃回城堡，还被威廉一路追击，这更是奇耻大辱。为了报复威廉，一洗耻辱，他们爬上城墙和塔楼，对着城下的威廉破口大骂，言语之间无不透露着愤怒和侮辱。最后，当他们发现已经找不到更刻薄的语言去谩骂时，他们就找来树皮、兽皮、制革匠的围裙以及所有和制革匠有关的物品，他们一边朝威廉摇晃着手中的物品，一边欢呼和嗤笑着。

这些侮辱彻底激怒了威廉。他组织了一支突击队，用这种愤怒刺激士兵，鼓舞士气，他们一举端了敌军的外垒，并擒获了一部分守军。他把这些守军砍成肉酱，然后把他们血淋淋的肢体扔到城墙上。

在这一章讲述的时间范围内，有一阵子，威廉正沉浸在诺曼底的宁静与和平中。这时，法兰克国王亨利卷入了与乱臣贼子的斗争中，威廉率领一群诺曼底士兵前去援助他。亨利国王对威廉迅速有效的援助感到非常满意。但没过多久他就开始嫉妒威廉了，因为这位年轻的公爵很快就获得了全社会的尊敬，名望也变得越来越高。威廉当时虽然只有 24 岁，但对每件事情都很有主见——他以最快的速度来回周旋——排兵布阵——他的个人成就和勇敢赢得了民心，一时之间，他成了人们讨论的焦点和赞美的对象。与此同时，亨利国王看似依然很受臣民的尊敬，却在某种程度上受到了排挤，于是，他开始嫉恨威廉了。

有时，还会发生一些不同寻常的事情。威廉英勇的表现和灵巧的技艺会激起将士们对他的钦佩，而他快要被他们的欢呼声和鼓掌声淹没了。这些事情大多发生在战斗中，或在追击敌人的时候，这种情况下，威廉总是最幸运的一方。但他们可能不知道，他在背后做了很多努力——无论是战胜敌人的勇气，还是精熟的作战技巧。当时，一个士兵的好运主要取决于他强健的身体素质和勇敢的精神，如果二者兼而有之，那他一定会收获热烈的掌声。其实，这

第四章 威廉统治诺曼底

是理所当然的。他们力大无穷,从容不迫,勇猛善战。他们在战场上厮杀时,兽性大发,似乎已经失去了人类的特征。他们像狮子或老虎一样凶猛,人们因此尊敬他们。但如果他们把这种特征用在兄弟恩怨上,只会遭到百般诅咒。

接下来这个例子恰好说明了威廉取得的巨大成功。有一次,他侦察敌军,只带了五名骑士,他们是他的贴身侍卫。由于距敌军营地较远,想必敌军并没有察觉到威廉等人的到来。但事实却是敌军早已发现了威廉等人,敌军立刻派出一支十二人的小分队,突袭威廉等人。这支小分队埋伏在威廉的必经之路上。当威廉等人走到这里时,他们突然跳了出来,想迫使他们投降。十二个人与六个人对峙,胜负似乎已经见分晓了。但威廉二话不说,立刻前去攻打伏兵。他手持长矛,骑马全速前进,一下就击杀了伏兵的首领。整个过程中,威廉都透露着一种泰然自若的王者气息。接着,他收回武器,集中力量,用同样的方式杀死了第二个伏兵。他的侍卫在这次的战斗中也表现得非常英勇,大大加快了胜利的步伐。与此同时,五名随从向威廉的营地大喊求救。收到求救信号后,一支精锐的队伍急忙出发去营救威廉等人。见势头不对,其他敌人转身撒腿就跑。威廉等人紧随其后,最终擒获了七名敌人。其余三名敌人逃脱。随后,威廉和他的部队带着七名俘虏,回到了自己的营地。

亨利国王曾亲自接见过这个由三百人组成的小分队的首领，尽管他们并不确定这次援助到底有没有必要，但还是加速赶到了现场。威廉胜利归来，同行的人讲述了他在突如其来的危险中所表现出的不可战胜的力量和勇气，唤起了大多数人的热情，因为他们实在太厌烦亨利国王了。对威廉来说，整个营地的喝彩和赞美是那么美好，他忍不住陶醉起来。

尽管威廉的出身对他非常不利，但他从未停下奋斗的脚步。总的来说，本章讲述的这二十年里，威廉的行为和精神为他建立了良好的声誉，赢得了大家的认可。他不仅处理了诺曼底王国的内部事务，还进一步稳固了自己的公爵地位。他的思想成熟了，他的资源扩充了。他的灵魂还是那么富有激情，他的抱负还是那么远大。他开始为自己定下一些更宏伟的目标，他要把手伸向诺曼底以外的地方。与此同时，他也结婚了，而他的婚姻状况又极具特殊性，所以我们有必要把这件事专辟一章叙述。

第五章

威廉大婚

精彩看点

王室婚姻的政治意义——威廉的婚姻观——玛蒂尔达的家庭背景——玛蒂尔达与威廉的关系——玛蒂尔达的刺绣造诣——巴约挂毯——挂毯的保存——巴约挂毯的伟大时代——婚姻谈判——玛蒂尔达不愿嫁给威廉——布里希特伤了玛蒂尔达的心——玛蒂尔达报复布里希特——威廉与教皇的七年谈判——威廉与玛蒂尔达的争吵——盛大的婚礼——夫妇俩险些被逐出教会——夫妇俩投身慈善事业——夫妇俩儿女成群——威廉与佛兰德斯家族联姻的目的——两国政府实现双赢——鲍德温唯利是图——威廉智胜鲍德温

第五章 威廉大婚

地位稳固后,一位世袭君主首先要解决的就是他的婚姻问题。如果他迟迟不组建家庭,也没有王位继承人,那么人们就会因为继承问题坐立难安。一次疾病或一场战争,甚至任何一件突发事故都有可能夺走君主的性命,这个时候,为了谋取继承权,觊觎大位的人们会想尽一切办法,甚至不择手段!在威廉执政期间,这种邪恶势力尤为可怕。威廉尚且还活着,他们都敢明里暗里地拉拢人心,为自己争得优越的特权;可想而知,威廉一旦离世,哪个不争先恐后地声称自己有继承权呢?在威廉的领地上,人们对公爵之位的热情倍增,尽管那些有雄心有抱负的人在这种狂热中时刻保持清醒的头脑。很明显,这种焦躁不安很大程度上是因为国本不固,但如果威廉有了儿子,也就是说后继有人了,那所有的问题都将迎刃而解。

因此，公爵的婚姻问题成了举国上下的大事。当然，这个问题是由那些忠于威廉的贵族和将军提出来的。他们认为，公爵的婚姻会影响公国子民的思想。只要公爵大婚，那么他的权力就会更加稳固。于是，威廉开始四处寻找新娘的最佳人选。然而，尽管最初促使他考虑婚姻的主要因素是政治，但在选择对象的时候，真正发挥决定性作用的很可能是爱情。无论如何，他一定要找一个值得去爱的姑娘。这个姑娘应该是一位公主，而且相貌出众，修养较高。

玛蒂尔达是佛兰德斯伯爵领地的公主。佛兰德斯伯爵领地位于诺曼底以东、波罗的海南部海岸。佛兰德斯伯爵不仅是一位雷厉风行的军事领袖，而且颇具王者风范。在欧洲，他的家族享有很高的地位，他个人也受到欧洲各国君主的礼遇。系谱学家发现，因为佛兰德斯伯爵曾与英格兰王室通婚，所以他的女儿玛蒂尔达就成了威廉心中最佳的新娘人选。在研究这些人物关系的时候，系谱学家兴趣颇浓。他们最后考证出，佛兰德斯伯爵的祖先是伟大的英格兰国王阿尔弗雷德。

威廉为什么会这么快决定要娶玛蒂尔达呢？使他作出决定的主要原因是什么呢？其实，主要还是因为玛蒂

佛兰德斯伯爵与妻子的画像，出自17世纪一本书籍中的插图。绘者信息不详

玛蒂尔达的画像。绘者信息不详

第五章　威廉大婚

尔达高贵的出身。一旦与玛蒂尔达结婚，威廉必定会获得巨大的利益，其地位也必定会随之提高。然而，玛蒂尔达的父亲与诺曼底沾亲，实际上，威廉和玛蒂尔达存在血缘关系，他们有可能是表亲。很快，在这种情况下，后果十分严重，进而局面出现了混乱。

玛蒂尔达比威廉小7岁。在父亲的宫殿里长大的她，不仅出落得楚楚动人，而且做的一手好女红。当时，上流社会的女士要想脱颖而出，只有两种办法，要么擅长音乐，要么工于织造。挂毯是织造工艺中最不容易掌握和驾驭的，而年轻的玛蒂尔达恰恰在挂毯方面拥有高超的技艺。中世纪的挂毯挂在王宫和城堡里的墙壁上，起到遮挡粗糙的石墙的作用。起初，女士们织造的挂毯非常简单；接着，她们开始绣一些花边或其他样式去点缀挂毯；后来，许多女士忍受不了城堡中长期单调乏味的生活，就想方设法打发时间。于是，她们的时间大都花在织造挂毯方面了。她们既为自己的房间织造挂毯，还为朋友的房间织造挂毯。尤为值得一提的是玛蒂尔达，她的挂毯织造技艺巧夺天工，受到广泛的赞誉。

据历史记载，婚后的女士几乎对她们早年在织造方面取得的成绩三缄其口。这倒不是她们谦虚，而是婚后的担子实在太重了。就算她们依然对织造感兴趣，她们也没有时间了。然而，玛蒂尔达却是个特例。与威廉结婚后，她没有放弃自己的爱好。威廉征服英格兰之后，玛蒂尔达在一片片长长的亚麻布上，花了不知多少时间，耗了不知多少精力，最终织造出一件件精美的挂毯，其中不少流传至今。

现在，诺曼底的巴约古镇就保存着一件挂毯。据说，这件挂毯就是出自玛蒂尔达之手。如果这是史实的话，那么玛蒂尔达的挂毯的意义之重大堪比"所罗门建造的宫殿"。为了纪念这件著名的挂毯，几百年来，历史学家和学者在它的命名上达成了一致，称它为"巴约挂毯"。巴约挂毯长400多英尺，宽约2英尺。绣娘把亚麻纺成布，羊毛纺成线，用毛线穿针，然后在亚麻布上织造。一件挂毯的质量是否优良，某种程度上取决于绣娘的细心和耐心。用于织造的毛线颜色多种多样，织造出的产品各有不同。然而，随着时间的流逝，颜色早已褪去了。

织造技术在当时并未普及，与现代工艺更是相差甚远。下面的"巴约挂毯"设计样图是后世制作的版画，我们从中不难发现，玛蒂尔达的设计风格是充满童趣的。在玛蒂尔达有生之年，她的设计风格受到人们的高度赞赏。

在观察人类工艺品的过程中，我们往往会发现，很

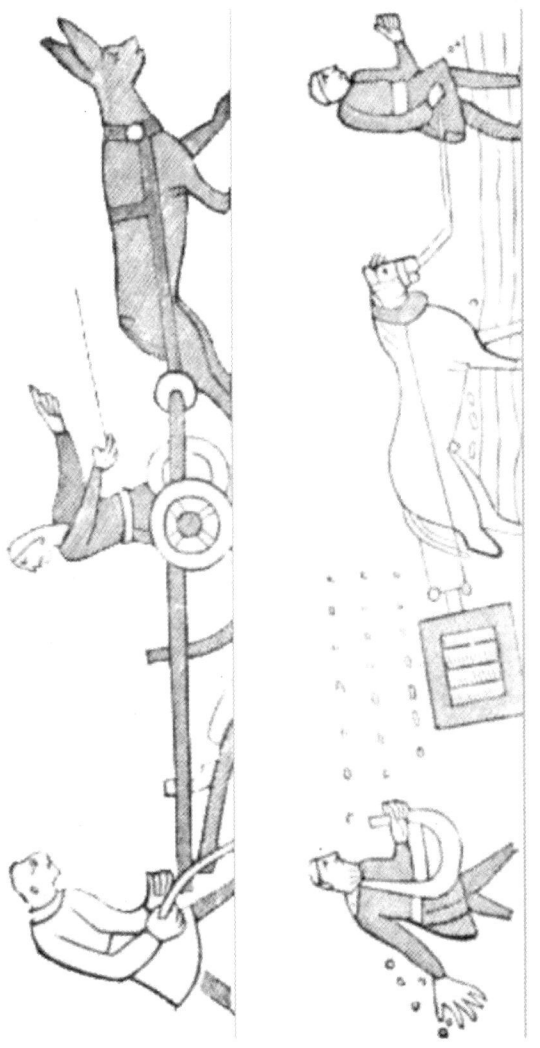

巴约挂毯设计样图。左图为播种图，右图为耕地图

玛蒂尔达在绣挂毯。约瑟夫·马丁·克龙海姆(1810—1896)绘于1868年

第五章　威廉大婚

多工艺品不堪一击，经不起时间的考验。但挂毯却不一样。我们会被那些看似脆弱的东西深深打动，因为它们那么耐用、结实。威廉征服英格兰是 1066 年的事情。如果真是玛蒂尔达织造了"巴约挂毯"，那么到现在为止"巴约挂毯"已经至少有 800 年的历史了。细想一下，亚麻的纤维多么纤细而脆弱，各种腐蚀性元素会加剧对亚麻的破坏，而且事实证明，这些元素确实能够毁掉亚麻制品。可是到最后，一个事实——这些纤细的亚麻线历经数百年，经受住了腐蚀性元素的腐蚀——震惊了世人。现在，"巴约挂毯"快 1000 岁了，它甚至很可能已经超过了 1000 岁。这时，你不要忘了，巴比伦与特洛伊就是被腐蚀性元素毁掉的，金字塔的破败也是拜它们所赐。

经过这种比较，我们不免感叹亚麻的神奇。这时，我们可能会再次注意到"巴约挂毯"。"巴约挂毯"的主要作用是说明和装饰。现在，言归正传，我们得回到故事中去了。

威廉和玛蒂尔达的婚姻谈判正式而隆重。法官、大使和委员都会介入，他们对商讨议程表现出极大的兴趣，似乎是为了尽可能地体现他们在外交上的重要性并延长外交生涯。在这种情况下，除了这些意外和暂时的困难之外，一些现实而可怕的障碍很快就出现了，并且严重威胁到整个计划。

在这些困难中，有一个问题按理说是不存在的，但在这种特殊的情况下却成了威廉的绊脚石——年轻的公主无比厌恶这场婚姻。按理说，她不可能那么反感威廉，他可是一位高大英俊的骑士啊。他不仅举止优雅，而且成就非凡，更何况这些成就都源于他在战场上的勇敢拼杀。那是一个好战的时代，所以，不管从哪方面来讲，他都是少女们梦寐以求的对象。然而，玛蒂尔达却极不看好他的身世，她认为他并非诺曼底公爵的合法后裔，更无权继承王位。的确，尽管威廉当时占有了统治权，但公国里强势的首领们却视他为篡位者。他随时会被赶出公国，从此一文不值。总之，虽然他当时的地位非常崇高，但却充满了危险和不稳定因素。他的社会地位模棱两可，她又怎敢把自己的命运安心交与他呢？说到底，玛蒂尔达还是不愿嫁给威廉。

实际上，威廉的社会地位只是玛蒂尔达拒绝求婚的一个借口。说到根本，还是因为她早已心有所属。她父亲的佛兰德斯宫廷里有一位年轻的撒克逊男子，名叫布里希特。布里希特是英格兰派来的使者，他在佛兰德斯宫廷里住过一段时间，玛蒂尔达经常在各种娱乐场合或

第五章 威廉大婚

聚会上见到他，从此对他萌生了强烈的依恋。他白皙的皮肤和富有张力的容貌是那么迷人。尽管他是一位英格兰贵族，但地位跟玛蒂尔达相比还是差远了。公主的社会地位实在太优越了。在这种情况下，布里希特和公主如果结为连理实为不妥。玛蒂尔达觉得她必须向他吐露自己的心声，因为只有这样才能逃过一场不幸的婚姻。她确实这么做了。可她发现自己并不快乐——他并没有感觉到她对他的爱意。出于情感的本能，她做了所有的努力，却没得到任何回应。完成出使任务之后，布里希

玛蒂尔达的画像。绘者信息不详

特冷漠地离开了佛兰德斯宫廷，离开了玛蒂尔达，只留下她那颗支离破碎的心。

仿佛最甜蜜的葡萄酒化成最酸涩的醋一样，最热烈的爱意也会变成苦涩的怨恨。爱情很快就在玛蒂尔达的心里变了味儿，她渴望复仇的愤怒像熊熊火焰般燃了起来。随着时间的推移，虽然她的愤怒已经减弱了，但玛蒂尔达从未忘记，也从未原谅过她所忍受的屈辱。后来，她终于有机会在英格兰对布里希特实施报复，她让他在苦难中受尽折磨，最终结束了生命。

这种情感在玛蒂尔达的脑海中挥之不去，她又怎能反过来同意威廉的求婚呢？虽然她的朋友们并不在意她厌恶这场婚姻的真正原因，但他们还是感觉到了反对的力量，这对威廉的地位和他的势力来说都是不可避免的。当时，双方的血亲关系是一个严重的障碍。根据罗马天主教的规定，男女双方有血亲关系是不能通婚的。除非得到教皇的许可，这段婚姻才能合法化。于是，威廉派大使到罗马洽谈此事。当然，这也为解决困难提供了有效的缓冲期。

教皇当局的惯用手法就是定价索要钱财，然后根据他们的实际情况进行分配。谁愿意资助教会，教会就更愿意维护谁。就像过去为教会创立修道院、建造

第五章　威廉大婚

教堂或捐赠物资那样,人们就是通过这种方式补偿教会的。因为人们知道,无论什么有损宗教或道德的事情,只要教皇放松神律,他们都可以得到宽恕和认可。这么看来,罗马当局当然更愿意延期谈判,以便从求婚者那里获得更好的报酬。同时,威廉这边的大使和委员们也慢慢懈怠了这次出使罗马的主要目的。罗马是一个令人神往的地方,作为一名诺曼底公爵的大使,他住在那里不仅能享受本国授予的高等待遇,还能陶醉于周围壮丽辉煌的景象。这段时间,威廉并没有死咬着这件事不放。因为,在这些谈判悬而未决的同时,他还要摆脱外国的入侵,镇压本国的叛乱。一波未平一波又起,麻烦似乎永远不会结束。

说实话,如果威廉的意志不够坚定,他很可能早就放弃了。据说,此次谈判持续了七年之久,这么漫长的拉锯战不见得谁都能承受吧。有一个故事讲到,威廉在谈判过程中表现得非常冲动,这似乎让人难以置信。

谈判已经持续了好几年。其间,最大的困难依然来自玛蒂尔达的反对。有一次,威廉和玛蒂尔达走在布鲁日的大街上,布鲁日位于玛蒂尔达父亲的管辖区域。两人之间发生的所有事情都不为人知,但从此以后,

征服者威廉

玛蒂尔达对威廉的怨恨消散了不少,两人之间的距离也越来越近了。他打了她,弄脏了她的衣服。不仅如此,他还把她推倒在地,然后怒气冲冲地走了。虽说谈恋爱时的争吵常常会拉近彼此的距离,但我们还是希望,这种可怕的争吵少一点为好。

祸兮福所倚,福兮祸所致,这次争吵消除了所有障碍,威廉和玛蒂尔达步入了婚姻的殿堂。当时是1052年。

按照当地王室的婚俗,婚礼在威廉的城堡内举行,城堡位于诺曼底边陲地带。玛蒂尔达携家人和朋友在那里举行了盛大的游行。骑士和角斗士骑着骏马,在全国各地游行。他们像战场上趾高气昂的战士一样,一路护送公主。首先,玛蒂尔达在城堡内被授予荣誉勋章。接着,各种娱乐活动持续了数天。此次欢庆佳节的场景空前盛大。

在这种场合下,威廉和玛蒂尔达的礼服都格外华贵。玛蒂尔达穿了一件镶着昂贵珠宝的披风。威廉在日常服饰的基础上还戴了斗篷和头盔,可谓锦上添花。当时,人们非常注重外在打扮。后来,威廉和玛蒂尔达的礼服及其装饰的珠宝被送到巴约大教堂,作为教堂的美物供人们观赏,至今快五百年了。

威廉的大婚在奥古的城堡里圆满举行。庆祝活动

布鲁日位于今比利时西北部。图为早期的布鲁日全景

结束后，威廉又从奥古来到鲁昂，在那里举行了一场盛大的仪式。年轻的夫妇在鲁昂开始了全新的生活，享受着各种荣华富贵。就像之前说过的那样，即使是皇家城堡和宫殿，其内部装修的舒适度和便捷性跟现代家居相比也会大打折扣。今天的欧洲女性对她们退休后的套房和家具齐全的公寓非常满意，那里有天鹅绒地毯、丝绸窗帘和奢华的床。当一个人极度疲劳或烦躁不安的时候，她会觉得，在沙发或卧榻上小憩片刻是多么美好啊。收藏宝物的橱柜、汗牛充栋的藏书室——通过镜子和烛台的反射，耀眼的煤气灯照亮了所有的景象，闪着五彩斑斓的光。这样的场景在玛蒂尔达的宫殿中从未有过。石地板即使铺满地毯，也挡不住冰冷的寒气。粗糙的挂毯挂在墙上虽能隐藏裸露的砖石，但上面的装饰图案却那么粗俗、丑陋。简陋的床小得可怜，窗户也只是一些石缝，城堡的建筑结构与监狱相差无几。

尽管如此，奢华和壮丽的东西还是存在的。玛蒂尔达不仅有许多骏马，还有华丽的鞍辔。她自己的衣服上也装饰着贵重的金子和珠宝。她要出门远行，英勇的骑士会穿着闪闪发光的盔甲一路护送。她见惯了城堡大厅里豪华的宴会、各种游戏竞赛和壮观的军事表演。玛蒂

第五章　威廉大婚

尔达就这样开始了奢华的婚后生活。

荣华富贵常在，和平安宁却不常有。威廉有一个叔叔，名叫梅杰。梅杰位高权重，是鲁昂的大教主。现在，威廉的亲戚们当然不会觉得他结婚是件好事，因为随着他后继有人的概率增大，不仅他们将来继承的机会变得越来越渺茫，就连现在的地位也会动摇。梅杰非常反对这场婚姻，所以在谈判悬而未决的时候，他动用了自己所有的资源去阻挠并拖延他们的婚姻。他极为看重党派的血亲关系，尤其是作为诺曼底人的教会领袖，他更觉得自己应该"有所作为"。结婚之前，尽管威廉与教皇进行了谈判以求豁免，但这件事似乎并未在罗马得到充分的解决。于是，威廉和玛蒂尔达结婚后不久，梅杰就颁布了一条法令将夫妻俩逐出教会，因为近亲结婚是教会明文禁止的事项。

在中世纪，被逐出教会是一场可怕的灾难。因为一个人一旦被判有罪，就会面临严重的后果——被周围人抛弃和受到上帝诅咒。最可怕的则是所有人都将与之为敌，就像威廉王子那样，他的臣民不得不抛下对他的忠诚，无法帮助他，更无法保护他。虽然威廉有权有势，能在一段时间内依然保证自己不受干扰，但时间一长，反对他的声音只会越来越大，他也会被这群乌合之众搅得筋疲力尽。

威廉决定立即向教皇提出上诉,并通过一些手段来确保他得到赦免。有一位默默无闻的修士叫兰费朗克,兰费朗克后来成了一位非常有名的公众人物。不知何故,威廉认定他就是能够胜任谈判的人。于是,威廉给他下达命令后就送他出发了。抵达罗马后,兰费朗克跟教皇进行了巧妙的谈判,很快便得出了结果。

最终的结果是这样的。教皇赦免了威廉,批准了他的婚姻,并撤销了大主教梅杰把威廉夫妇逐出教会的判决。但条件是威廉要为一百名穷人建一所医院,并以他的名义为修士建一座修道院,以玛蒂尔达的名义为修女建一座修道院。兰费朗克同意了对威廉夫妇的处理办法。威廉夫妇得知这一结果后非常高兴,他们欣然接受了教皇的条件。逐出教会的法令被解除了,所有诺曼底人默许了这场婚姻。威廉和玛蒂尔达开始制定计划建修道院。

他们计划把修道院建在卡昂。卡昂位于诺曼底北部海岸附近两条河流的汇合处,坐落在一个宽阔而怡人的山谷里,周围环绕着美丽而肥沃的草地。当地有一座城堡,是威廉的祖先诺曼底公爵命人建的,城堡不仅有堡垒守护,还有城墙和塔楼包围着。威廉和玛蒂尔达对建

兰费朗克的画像。绘者信息不详

造修道院的计划和实施工作非常上心。威廉在这座宏伟的修道院里为自己建了一圈宅邸，他和玛蒂尔达后来还经常居住在那里。

时隔多年，虽然卡昂的城墙和防御工事都不见了，但这些修道院的主要建筑仍然屹立不倒。现在，这些建筑的用途已经超出了当时建造的初衷。它们不仅保留了最初的名字，还引来了大量游客。人们视它们为过去那段时间最伟大的纪念碑——纪念一段古代婚姻。

终于，威廉和玛蒂尔达的婚姻获得了社会上的认可，夫妇二人尽情享受了一段无忧无虑的时光。他们的第一个孩子是个儿子。威廉和玛蒂尔达结婚不到一年就有了大儿子，威廉给他起名为罗伯特，跟他爷爷同名。时光流逝，夫妇俩已经儿女成群。孩子们分别起名为：罗伯特、威廉·鲁弗斯、亨利、塞西莉亚、阿加莎、康丝坦斯、阿黛拉、阿德莱德和冈德雷德。玛蒂尔达在这些孩子的成长过程中倾注了无私的母爱，他们中不乏影响深远的历史名人。

不得不提及的是，威廉之所以跟佛兰德斯家族联姻，一个主要目的是他要加强自身的力量，这在很大程度上增加了他的成就感。两国政府以这种方式紧密团结在一起，他们互帮互助，形成了双方共赢的局面。

第五章 威廉大婚

但后来发生的一件事严重打击了威廉的信心。事情是这样的:

威廉计划入侵英格兰,他写信邀请当时的佛兰德斯伯爵,也就是玛蒂尔达的兄弟鲍德温助他一臂之力。鲍德温觉得这个计划不仅风险太大,还不切实际,于是,他回信道:"如果我愿意帮你远征英格兰,我能得到多少好处?"鲍德温给威廉留下了唯利是图的印象,威廉认为,先讨价还价会坏了规矩,他无论如何都不能妥协。于是,他拿起一张羊皮纸,没有写任何字就直接装进了信封,他在信封上如下写道:

> 我的好兄弟啊,
> 待我们一起攻下英格兰,
> 你的好处、你的荣誉和权利,
> 都将如这封信描述的那样。

威廉亲手把空信函放在信使手中,让他务必交给鲍德温,仿佛这是一件非常重要的事情。鲍德温收到信函就急切地打开了。他惊奇地发现里面什么也没有;他不停翻动羊皮纸,搜寻信封上所谓的"描述",但始终一无所获,他开始问信使:"这是什么意思?"

信使回答道："里面什么也没有写，这就意味着您什么也没得到啊。"

尽管信使的回答比较俏皮，但双方还是就合作事宜达成了一致。最终的事实也证明，威廉入侵英格兰时，从佛兰德斯派出的兵力的确起到了不容小觑的作用。

第六章

爱玛王后

精彩看点

威廉宣称有权继承英格兰王位——爱玛夫人——埃塞雷德——埃塞雷德战败——埃塞雷德逃往诺曼底——屠杀丹麦人——恐怖的内战——埃塞雷德的暴政——爱玛的抱负——爱玛蒙羞——埃塞雷德被迎回英格兰——埃塞雷德与爱玛地位的恢复——与克努特的战争——埃塞雷德撒手人寰——爱玛的处境——爱玛的儿子们——埃德蒙与克努特订约——埃德蒙之死——克努特的提议——克努特打得如意算盘——克努特如何对待埃德蒙的两个孩子——克努特要娶爱玛——爱玛儿子们的反对——爱玛再次成为英格兰王后——戈德温伯爵——克努特驾崩——克努特将王位传给哈罗德——爱玛的阴谋——爱玛写给孩子们的信——阿尔弗雷德灾难性的远征——阿尔弗雷德的悲惨下场——忏悔者爱德华——可怜的爱玛——忏悔者爱德华对母亲的控诉——埃德蒙的儿子们——戈德温之子哈罗德——忏悔者爱德华的打算

第六章　爱玛王后

在我们记录的战争年代中，诸如诺曼底公爵那样的君主远征英格兰这样的国家，着实令人意想不到，毕竟与英格兰相比，诺曼底是那么弱小。威廉给自己的远征行动找了个由头——他才是英格兰王位的合法继承人，而他要攻打的英格兰国王只是个篡位者。为了使读者能充分了解这一由头的性质和起源，我们需要详述一下爱玛王后的故事。

通过参考这本书第二章里所列出的诺曼底公爵家谱，我们可以得知，爱玛是第三任诺曼底公爵理查一世的女儿。早先，她因长相明艳动人被人们称为"诺曼底的珍珠"。

后来，爱玛嫁给了英格兰国王埃塞雷德。当时的英格兰正因内战分身乏术——撒克逊人和丹麦人之间的矛盾愈演愈烈。双方为了争夺王国的统治权发动了一次次战事，他们在无休止的斗争中势均力敌，时而丹麦人捷报频传，时而撒克逊人旗开得胜。有时，双方的皇室代表会同时出现在一个岛上，他们都声称自己是国王，分别统治着不列颠群岛的不同岛屿。因此，有一段时间英格兰同时存在两个王国，这两个王国虽然各自拥有首都和官僚机构，但却共有一片领土和相同的子民。战争中，不幸的始终是无辜的子民，他们原本宁静祥和的生活现全被破坏了。

埃塞雷德是撒克逊人。跟爱玛结婚的时候，他已经是一个年近四十岁的鳏夫。他和前妻有一个儿子，叫埃德蒙，埃德蒙年富力强，后来成了国王。其实，埃塞雷德跟爱玛结婚不过是他打着与诺曼底结盟的旗号，从而巩固自己的地位。诺曼底人作为丹麦人强大的后盾自然乐意参与进来。究其原因，埃塞雷德是希望借助这次联姻跟法兰克的诺曼底人化敌为友，把他们紧密团结在自己周围。这样一来，他将获得双重优势——他不仅壮大了自己的队伍，还削弱了敌人的势力。

埃塞雷德的计划获得了诺曼底公爵理查一世的支持，但仅做到这一点还远远不够。后来，丹麦人不仅打败了他，还把他赶出了英格兰王国。他不得不带着

图为早期的盎格鲁-撒克逊人。绘于19世纪

盎格鲁－撒克逊战士。绘于十九世纪

第六章 爱玛王后

他的妻子爱玛和他的两个儿子爱德华和阿尔弗雷德逃到诺曼底去避难。

当时,诺曼底公爵是爱玛的哥哥理查二世,尽管毫无必要,但他还是满怀热情接待了那些不幸的逃亡者。毫无疑问,埃塞雷德因为不具备征服者或统治者的高尚品格,所以被赶出了他的家乡。正如所有弱智的暴君一样,他在试图征服敌人时,非但不发挥自己的智慧才能,反而用了最残忍的手段。例如,他刚和爱玛结婚就觉得自己胜券在握,沾沾自喜,于是,他私自策划了一场对丹麦人的大屠杀,并于某一天秘密执行。这次行动覆盖了整个英格兰地区。不计其数的丹麦人惨遭杀害。屠杀的场面惨不忍睹,两个民族之间的仇恨越来越深。这里举一个实例,残暴的撒克逊人把丹麦妇女埋至腰间,任凭猎犬撕咬她们裸露的身体,直到她们痛苦地死去。虽说叙述历史时应该尽量避开这些恐怖的细节,但我还是想还原真相。无数次的历史事件告诉我们,解决争端的方式只有两种——和平谈判或继续进行战争,采取哪种方式很大程度上取决于当事人说话的分量。在英格兰这片特殊的土地上,战乱到底意味着什么?它会给人心蒙上多大的阴影?了解这两个问题对我们而言意义重大。

一个世纪前，阿尔弗雷德大帝在英格兰与丹麦人斗争时对丹麦人施行了怀柔政策。他的慷慨和仁义为他赢得了更高的话语权，最终不战而屈人之兵。但埃塞雷德没有那么做，他采取最残暴的强硬手段，引来了敌人的拼死抗争。这些暴行彻底激怒了丹麦人，坚定了他们复仇的决心，最终，他们把埃塞雷德赶出了英格兰。当埃塞雷德逃亡到诺曼底时，他已经是一个被废黜的暴君了，他追悔自己愚蠢而残暴的行为，他深知作茧自缚的人根本不值得同情。尽管如此，诺曼底公爵理查二世还是好心收留了他，这在上文已经说过了。理查二世觉得，哪怕是为了爱玛和孩子们，他也有义务收留这位流亡的君主，以表好客之道。

自始至终，爱玛和埃塞雷德在一起似乎仅仅是为了实现她的抱负。"诺曼底的珍珠"极有可能是为了英格兰王后的地位才嫁给这个魔头的。之所以做出这种推测，也是根据她后来的行为判断的。现在，她要强的心一落千丈，因为她发现她不仅指靠不了丈夫，反而还得依靠娘家过活，更何况还有丈夫和两个孩子的额外负担。某种程度上，她目前的处境只会令自己感到羞辱，因为他父亲已经不在人世了，娘家所有的一切都属于她的哥哥，她又怎能完全依赖哥哥呢？她觉得有必要给自己重新找

埃塞雷德在位期间发行的货币,
上面的人物头像为埃塞雷德

爱玛接受使者的赞美。出自一本图书中的插图

第六章 爱玛王后

个避风港。好在理查二世并没有多想,他以最慷慨的方式接待了妹妹一家。

在此期间,英格兰的内乱持续发酵,撒克逊人逐渐为自己扳回了局面。随后,丹麦王驾崩,撒克逊人东山再起。撒克逊人一方面打算邀请埃塞雷德回国,另一方面又不能完全接受他的统治。他要想继续统治英格兰,就必须受到必要条件的约束,改善自己的治国方式。埃塞雷德和爱玛渴望重新夺回失去的王位。夫妇俩派大使以埃塞雷德的名义,去向英格兰政府做出承诺。没过多久,这对王室夫妇穿过英吉利海峡来到伦敦,再次获得了撒克逊人的认可。

一时间,丹麦人势力锐减。尽管如此,他们还是抗拒撒克逊人的统治。他们向克努特宣誓效忠,克努特是10世纪的丹麦王。随后,克努特和埃塞雷德之间爆发了一场漫长的战争。克努特智慧超群,勇敢无畏。埃塞雷德却依然懦弱无能,残暴不堪。埃塞雷德与前妻有个儿子,叫埃德蒙。同克努特与丹麦人作战时,埃德蒙比他父亲能耐多了。他积极乐观,智勇双全,很快就成了举足轻重的人物。事实上,埃德蒙似乎并不怎么敬重他父亲。下面举一个很显著的事例:不知为何,一位贵族惹怒了埃塞雷德,埃塞雷德一气之下处死了这位贵族,并没收了人家的财产。不仅如此,他还把这位贵族的妻子关进一个阴暗的修道院,对其用尽酷刑。不料,他儿子埃德蒙不仅去修道院救出这位貌美如花的妇人,还娶她为妻。

虽然埃塞雷德和埃德蒙的父子关系并不好,但埃德蒙始终是他父亲麾下最得力的一员猛将,这无形中浇灭了以克努特为首的丹麦人的希望。外界暂时安宁了,可国内政治却每况愈下,这让爱玛心急如焚,度日如年。1016年,埃塞雷德驾崩,爱玛再也承受不起任何失望和屈辱。埃德蒙不是她的亲生儿子,却是第一王位继承人,爱德华和阿尔弗雷德作为她的亲生儿子,却只

埃德蒙营救女囚犯。绘者信息不详

第六章 爱玛王后

能眼看同父异母的哥哥继承大业。他们还那么年轻，哪能冒出来去争夺王位呢？或许蛰伏才是最明智的选择吧。更何况现在埃德蒙成了国王，他怎么可能重用他们？又怎么可能把爱玛放在眼里？埃德蒙既然敢阻挠父亲的计划，抵制父亲的政策，想必是不会对他的继母或同父异母的兄弟手下留情的，因为在他眼里，他们只会成为他的对手。面对这般危险的处境，爱玛怎能不提心吊胆呢？她再次逃离窘境，回到诺曼底。更让人难过的是，她没了丈夫，她的孩子也没了父亲。至此，我们很难分辨她之前流亡和这次出逃的处境，到底哪个更糟糕。

爱玛的两个儿子都还年少，但比起孩童时期，也算是成熟了一点。大儿子爱德华性情温和，他不仅担起了家庭责任，还承诺不久后积极参军。而已经成为国王的埃德蒙正值壮年，年富力强。看的出来，他很有可能是个春秋不老的国王。即使他突然驾崩，爱玛的权力和地位也不太可能恢复，因为他婚后育有两子，也算是后继有人了。这样一来，爱玛余生似乎真的要和两个儿子在"黑暗"中相依为命了。但最终的结果并没有我们想的这么悲惨不堪。

埃德蒙看似前景一片大好，却终究没抵过那一年的政治风暴，不幸驾崩了。埃德蒙执政期间，丹麦人不顾一切反对和阻挠，迅速在英格兰占领了一席之地。最后，埃德蒙和克努特分别组建军队，准备大打一仗。为了避免更大的损失，埃德蒙向克努特的营地挂起免战牌。他向克努特提议，由他们二人在双方军队面前决斗，并得出结果，但最终的结果最好是共赢。克努特没有赞同这个提议。他个子不高，体型瘦小，给人一种弱不禁风的感觉，而埃德蒙却是出了名的壮汉。所以，克努特断然不会同意跟埃德蒙正面交锋。于是，他提议双方从各自的主要贵族中挑选出足够的人组成一个委员会，然后让委员会出面交涉，解决问题。克努特的提议最终被采纳了。于是，委员会开始召开会议。经过反复商议之后，委员会制订了一项条约，将英格兰王国一分为二。久违的和平终于恢复了。条约签订后不久，埃德蒙不幸遇难身亡。

克努特立即向整个王国提出要求。他坚决认为，条约生效的前提是两位君主都尚在人世，现在埃德蒙已经死了，那整个英格兰就应该由他统治。撒克逊的领袖对这个说法既不承认，也不反对。埃塞雷德的另外两个儿子尚且不具备领袖能力。至于埃德蒙的两个孩子，他们不过是乳臭未干的孩童。既然无人能胜任

埃德蒙与克努特握手言和。绘于1865年，绘者信息不详

撒克逊人的最高统治者，那他们只好暂时服从自命不凡的克努特。他们虽然不会完全置埃德蒙孩子们的权力于不顾，但还是决定将其搁置一段时间。克努特拿到了孩子们的监护权。他还表示，等他们长大成人就可以统治属于他们的领地。

表面上看来，克努特为了保护撒克逊人和丹麦人的权益，不仅行事谨慎，而且态度谦逊。一听说撒克逊人怀疑埃德蒙的两个儿子在他手里不安全，他随即对他们采取了安抚政策，而不是一味的恐吓与胁迫。接着，他非但不伤害两个孩子，还把他们从乡下送到丹麦，因为他想通过这种方式让世人忘了他们。尽管如此，克努特的真实想法依然是必要时秘密处死两个孩子。

克努特短时间内不除掉这两个孩子，还有一个很重要的原因——撒克逊人一旦知道两个孩子被害死的消息，就一定不会善罢甘休，他们甚至会寄希望于身处诺曼底的爱玛的大儿子爱德华。到那时，爱德华很有可能成为克努特强劲的对手。所以，留埃德蒙的两个孩子一条活路，并把他们转移到安全的地方去，这不失为万全之举。

至于爱玛的孩子，为了防止他日后揭竿生乱，克努特想出了一个别出心裁的计划，那就是他要迎娶他们

成为英国国王的克努特。约瑟夫·马丁·克龙海姆绘于 1868 年

的母亲。他之所以提出这个计划，是因为计划一旦成功实施，那他和爱玛的亲生儿子就有可能继承他的权力，这样一来，她的影响力以及她诺曼底家人的影响力将永远消失，也就再也没有任何人反对他了。野心勃勃的爱玛再次坐上宝座，成为英格兰王后。她遭到了世人的谴责，毕竟她的第二任丈夫和第一任丈夫是死对头。但不管她的丈夫是撒克逊人还是丹麦人，只要她能成为王后，那一切不都是她的吗？

尚且年轻的爱德华和阿尔弗雷德强烈反对这种关系。他们竭力阻止这桩婚事，更不可能原谅母亲的背叛行为。更令他们愤怒的是，克努特和爱玛的婚姻条款中明确规定，只有他们两人的亲生儿子才能继承英格兰王位，其他任何人都没有这个资格。因此，克努特觉得他不仅保住了自己的王位，而且保证了王位继承人一脉相传，爱玛也准备回到英格兰，做她的王后去了。爱玛跟她的孩子们不欢而散，前往伦敦。她和克努特在伦敦皇家宫殿里举行了盛大而奢华的婚礼。

现在，我们必须言简意赅地谈一谈这二十年的光景。这二十年是克努特统治的黄金时代。在这二十年里，爱德华和阿尔弗雷德一直待在诺曼底。爱玛跟克努特婚后没几年就产下一子，起名为克努特，跟他父亲同名。但

一幅壁画，图上中间的人物为爱玛的儿子爱德华，其他人物信息不详。绘于 1395 年

在历史上，这个孩子名叫哈迪克努特，名字的前缀是撒克逊语，是"身强力壮"的意思。克努特的政府中有一位很出名的大臣，名叫戈德温。戈德温是一位出身卑微的撒克逊人，他的一生构成了一段相当传奇上的故事。他不仅才华横溢，而且德高望重。克努特驾崩后，他成了整个王国最具影响力的人物。

当克努特发现自己命不久矣时，他开始考虑让谁继承他的王位，他得出的结论是，履行当时跟爱玛签订的婚约实为不妥，因为对于哈迪克努特来说，他虽然有权在父母婚约的保障下取得成功，但十六七岁的他实在太年轻了，他还没有能力统治整个王国。因此，他在遗诏上表明，他要把王位传给他的大儿子哈罗德，哈罗德是克努特与前妻的孩子。这份遗嘱吹响了新一轮斗争的号角。撒克逊人和爱玛背后的亲信当然会力挺哈迪克努特，而丹麦人则始终拥护哈罗德。戈德温站在了哈罗德这边，不管怎么说，克努特的遗诏才最有说服力。至于爱玛和她的孩子们，哪管他们是埃塞雷德的还是克努特的，都被人们抛诸脑后了。

命运多舛的爱玛怎能就此屈服？虽然她仍然待在英格兰，但她的第二任丈夫已经对她如此不信任，一想到这，她就变得愤愤不平。既然他可以为了前妻的儿子放

第六章 爱玛王后

弃她和哈迪克努特,那就休怪她为了保全自己而放弃这段婚姻!于是,她不再指望哈迪克努特夺回王位,开始跟撒克逊人密谋扶爱德华上位。当她觉得时机已经成熟时,就给她诺曼底的孩子们写了一封信,信中写道:"撒克逊人已经厌倦了丹麦人的统治,并准备为了古老的撒克逊祖先们跟丹麦人抗争到底,如果这个时候有一位真正的领袖去领导他们,那该多好啊!"于是,她邀请他们到伦敦来共商大计。然而,如果他们以外国入侵者的身份前来,定会引起整个英格兰的恐慌和戒备,所以,只有他们不带任何敌意,以一种安静平和的方式前来,她才愿意引导。

当诺曼底的这对兄弟收到信件后,年长的爱德华一脸不情愿,但他觉得如果弟弟阿尔弗雷德愿意冒这个险,他也不会阻拦。阿尔弗雷德接受了这个建议。兄弟俩的性情和品质截然不同。爱德华安静沉稳,严肃认真,胆小怯懦。阿尔弗雷德则激情四射,雄心勃勃。于是,小儿子阿尔弗雷尔决定冒险穿越海峡,而年长的爱德华则倾向于留在家里。

灾难性的结果还是发生了。阿尔弗雷德违背了母亲的指示,带上了一群诺曼底士兵。他安全穿过海峡,向伦敦逼近。就在此时,哈罗德派出的一支部队拦截了阿尔弗雷德等人。阿尔弗雷德被包围后,他和他的士兵们都成了对方的俘虏。他被挖去了双眼,酷刑执行没几天,他就因为身体高烧不退和精神极度绝望的双重影响痛苦地死去了。他的母亲爱玛随即逃到了佛兰德斯。

后来,哈罗德驾崩了,哈迪克努特接替了他的王位。可没过多久,哈迪克努特也驾崩了,而且没有留下任何继承人。现在,再也没有人跟爱玛的大儿子爱德华争夺王位了,他一直在诺曼底过着宁静的生活。因此,他被拥立继承英格兰王位,史称"忏悔者爱德华"。当时是1041年。在忏悔者爱德华统治英格兰二十年期间,征服者威廉也成了诺曼底公爵。忏悔者爱德华曾在诺曼底长住,并与威廉走动频繁。威廉也曾在忏悔者爱德华为政期间前往英格兰拜访他。其实,威廉一直觉得他就是忏悔者爱德华的继承人,因为忏悔者爱德华虽然结了婚却膝下无子,而诺曼底公爵可是他的近亲啊。他说:"爱德华曾向我承诺,如果有一天他不在了,他会把英格兰王位送给我。"

此时,爱玛已经年事已高。她似乎已经对自己的生活非常满意了,毕竟她的两任丈夫和两个儿子可都是英格兰国王呢!但当她走向人生的终点时,她感到

爱玛王后经受考验。威廉·布莱克(1757—1827)绘于1779年

无比痛苦。因为她的儿子忏悔者爱德华始终都没有原谅她——她不仅抛弃了他们兄弟俩，嫁给他父亲的仇人，而且在婚约中提出要把他们兄弟排除在王位之外。克努特统治期间，她非但对他们视而不见，还跑去伦敦跟另一个男人享受富贵。不仅如此，阿尔弗雷德的死也让忏悔者爱德华对她百般指责。有个故事是这样的，他要让她在一场大火中受尽折磨。相传在教堂的石地板上隔一段距离铺设一些炽热的烙铁，然后要求被告赤脚走过去，如果被告是无辜的，那上帝就会像人们想象的那样，引导被告的脚步，防止其碰上那些烙铁。这就意味着，如果爱玛是无辜的，那她就会安全地走过去。但如果她有罪，就会被活活烧死。发表在《泰晤士报》上的一篇文章谈到，为了确定是否谋杀了自己的儿子，爱玛在温彻斯特大教堂接受了这个考验。毫无疑问，不管这是不是真的，她都被忏悔者爱德华囚禁在了温彻斯特的修道院，在那里慢慢等死。

当忏悔者爱德华的生命走向终点时，他开始对王位继承人的问题发起愁来。他想起了他同父异母的哥哥埃德蒙曾留下两个儿子，他们现在生活在匈牙利——当时，克努特为了保全自己把他们从英格兰赶了出去。埃德蒙的其中一个儿子名叫爱德华。毫无疑问，他会

第六章　爱玛王后

成为王位继承人。但他一直远在他乡，加之此时的戈德温伯爵在整个王国的影响力几乎超过了国王本人——他硬生生从一个不起眼的小人物上升为一位德高望重的萨克逊贵族，地位可想而知。不久，戈德温终于死了，他的儿子哈罗德继承了他的爵位，哈罗德伯爵跟他的父亲一样，不仅意气风发，而且干劲十足，似乎给忏悔者爱德华造成了极大的威胁。忏悔者爱德华非常讨厌戈德温和他的家人，现在更不愿意哈罗德伯爵入朝参政了。于是，他派人去匈牙利接他侄子爱德华回家。爱德华携家带口回到了英格兰。他还有一个小儿子，名叫埃德加。忏悔者爱德华计划在他驾崩后把王位传给他侄子爱德华，因为只有这样才能将哈罗德伯爵排除在外。

尽管这个计划富有智谋，但爱德华到达英格兰没多久就不幸离世了。这着实令人沮丧。埃德加作为爱德华的儿子，理应成为继承人，可他还那么年幼。忏悔者爱德华确信，任何一个以埃德加的名义成立的政府都无法与强势的哈罗德伯爵抗衡。于是，他选择了母亲的侄孙——威廉作为拯救英格兰王国的唯一人选，因为只有这样，英格兰才不会落入哈罗德伯爵的手中。随后，一场漫长而令人痛苦的斗争开始了。其间，哈罗德制造了一系列阴谋，进行了各种军事演习，支持忏悔者爱德华的势力因此大受影响，遭到了削弱。哈罗德伯爵为了篡位采取了反击行动，忏悔者爱德华则想尽一切办法确保诺曼底威廉顺利继位。在这次斗争中，哈罗德伯爵首场战败。而这场王位争夺战的终极获胜者到底是谁？还得接着往下看。

第七章

哈罗德国王

精彩看点

哈罗德与威廉——戈德温与爱德华的斗争与条约——戈德温的人质——残忍的行径——克努特的人质——爱德华拒绝放弃人质——哈罗的拜见爱德华——哈罗德前往诺曼底——哈罗德遭遇海难——哈罗德遭遇勒索——威廉款待哈罗德——威廉对待客人的态度——哈罗德游览布列塔尼——威廉对哈罗德提出他对英格兰王位的主张——哈罗德的伪装——威廉的防备——威廉保留人质——骑士和贵族的集会——哈罗德当众起誓——神圣的遗物——哈罗德离开诺曼底——哈罗德争取英格兰王位继承权——爱德华朝不虑夕——威斯敏斯特大教堂——爱德华驾崩——哈罗德的加冕礼——哈罗德违背与威廉的约定

第七章　哈罗德国王

戈德温的儿子哈罗德伯爵现在正积极争夺英格兰王位。他和诺曼底公国的威廉一个身处英格兰,一个身处法兰克,二人虽隔着一条英吉利海峡,却对彼此早有耳闻。正如上一章所述,威廉曾去过英格兰,哈罗德也曾游历过诺曼底。从某些方面来看,哈罗德的那次游历非同寻常,它以一种别具一格的方式展现了那个时代的一些独特思想和风俗习惯。具体情况如下所述:

戈德温在世时,一度跟忏悔者爱德华势不两立。他领导的造反派和国王的正规军剑拔弩张,打响了一场腥风血雨的战争。在这场战争中,戈德温运筹帷幄,决胜千里。他率领的军队所向披靡,而忏悔者爱德华的王军则一败再败,犹如强弩之末。双方在这场拉锯战中鞍不离马，甲不离身。整个王国生灵涂炭，惨不忍睹。最终，交战双方签订和平条约，达成妥协，结束了这场内战。戈德温既想巩固自己的地位，又想继续统治之前属于他的那几个岛屿，于是，他承诺解散自己的军队，不再向忏悔者爱德华宣战。为了让忏悔者爱德华相信他会忠实履行这些条约，他还送去很多人质。

在这种情况下，被选中的人质大多是戈德温的近亲和朋友。人质们非常清楚，如果戈德温不履行自己的诺言，那么无辜而无助的他们就只能任由国王摆布。到了这步田地，无论是现实的伤害，还是幻想出来的伤害，都在他们脑海中不断蔓延——他们很有可能被囚禁起来，等待他们的将是无尽的折磨，甚至死亡。

残忍对待人质不仅成了人们履行承诺的绊脚石，而且遭到了现代社会的普遍抛弃。尽管如此，无论是古代还是现代，各个国家在未开化时期都曾这么做过。被选中的人质通常都是风华正茂的年轻人，他们还没来得及对朋友的遭遇扼腕叹息，就已经受到牵连，身陷泥潭，因为这就是挑选人质的准则——至亲的人往往是最佳选择对象。尽管他们已经对敌人厌恶至极，但还是躲不过羊入虎口的事实。他们被关进昏暗的监狱，在陌生人的

第七章 哈罗德国王

监管下犹如惊弓之鸟。他们在恐惧中度日如年，生怕外面的新变故把他们推向死神。鱼游沸鼎之际，那些无辜的人质随时面临严刑拷打。譬如，在埃塞雷德和克努特的战争中，埃塞雷德在全国节节胜利，最后把克努特驱赶至海边。于是，克努特不得不登船逃跑，但埃塞雷德送给他的人质却全被砍断了手脚，在沙滩上苦苦挣扎。

戈德温送给忏悔者爱德华的人质中还有他的儿子和孙子，历史学家记载了他们的名字。他们分别是乌尔诺斯和哈格恩。乌尔诺斯是哈罗德的哥哥，哈格恩是哈罗德的侄子。忏悔者爱德华认为，如果把这些人质留在英格兰，那戈德温一定会想尽一切办法救他们。于是，忏悔者爱德华决定把他们送到诺曼底，交由威廉公爵看管。戈德温去逝后，哈罗德向忏悔者爱德华索要人质，说："您再也没有任何理由扣留他们了！"他们的遭遇都是拜戈德温所赐，而现在戈德温已经不在人世了。

按理说，忏悔者爱德华的确该交还人质，但从战略上考虑，现在还不能交出人质。毕竟现在哈罗德继承了戈德温的权力，其野心又完全不亚于他的父亲。于是，爱德华在没有直接拒绝对方的情况下，规避了哈罗德的要求，因为人质尚在诺曼底。他说："看来我得马上派人去把人质转移到更安全的地方！"

因为情况特殊,所以哈罗德决定亲自去把人质带回来。他把自己的计划呈给忏悔者爱德华。虽然忏悔者爱德华没有拒绝他的提议,但却想方设法劝阻他此次远行。他告诉哈罗德:"诺曼底公爵威廉不仅诡计多端,而且英勇无敌,一旦进入他的领地,他就会动用所有力量死死缠住你,你很可能会陷入困境。"

我们尚且不知道忏悔者爱德华的态度是否影响了哈罗德。尽管他确实穿过了海峡,但历史记载对此事的叙

忏悔者爱德华接见哈罗德

第七章 哈罗德国王

述不仅含糊不清，而且自相矛盾，有人说起航时他与侍从们所乘帆船被海风吹离了海岸，在风暴中向法兰克王国驶去。现在看来，这个故事很有可能只是哈罗德欺骗世人的障眼法。他决心接回人质，但又不好公然违抗国王的旨意，于是他设法让自己的帆船被风吹走，这样一来只会让忏悔者爱德华觉得天命不可违。

无论如何，不管哈罗德被迫离开英格兰是真是假，反正这场风暴是真的。风暴把他推向诺曼底之东，他在那里安全登陆，最后把帆船扔在距离索姆河口不远的地方。虽然帆船被风暴打得支离破碎，但哈罗德和他的同伴还是登了岸。这时，他们发现，他们正身处一个王子的领地，这个王子是蓬蒂厄伯爵居伊。

按照当时的法律，破碎的帆船应该划为海岸的领主所有。在这场海难中，蓬蒂厄伯爵不仅没收了帆船和货物，还扣押了哈罗德等人，以期向他们索取赎金。事情的经过是这样的。哈罗德深知自己的危险处境，就打算偷渡到诺曼底。就在这时，一个渔夫发现了他。他衣着华丽，看上去气度不凡，队伍中的其他人更是对他尊敬有加，渔夫心想："这个人在他的家乡一定是个大人物！"接着，渔夫赶去拜见伯爵。他对伯爵说："我要带您去抓一些人，其中有一个人定能价值千金。"伯爵带着随从来到了海岸，抓获了这些不幸的冒险者，而且截获了幸存的所有货物和行李。然后，伯爵把哈罗德等人关在他的城堡里，直到他们交付赎金。

面对如此不堪的待遇，哈罗德产生了强烈的抵触情绪。他说："我受英格兰国王之托，前去会见诺曼底公爵，与他共商大事，岂容你将我拘留于此！"伯爵什么都听不进去，只认赎金。于是，哈罗德给威廉写了一封信，他在信中描述了自己的狼狈处境，同时请求威廉设法救他出去。威廉收到求救信后，立即派人到伯爵那里，要求伯爵把犯人交给他处置。然而，所有的事情只会让伯爵变本加厉。他心想，竟能钓到如此"大鱼"，真是幸事一件。因为没有收到任何赎金，蓬蒂厄伯爵拒绝了威廉。事已至此，威廉不但给伯爵支付了一大笔赎金，还割让给他一片不小的领地。最后，威廉的使者接上哈罗德和他的同伴，把他们安全送达鲁昂。威廉当时正住在那里。

威廉接见了他的贵宾。他体贴入微，却不失大气。哈罗德在盛大的游行和典礼中进入宫殿。他的住所奢华至极，生活用品应有尽有。为了庆祝他此次来访，威廉为他安排了数不胜数的游戏、军事汇演、宴会和娱乐活动。威廉告诉他："只要您玩得尽兴，您随时

巴约挂毯,蓬蒂厄伯爵逮捕哈罗德

巴约挂毯，哈罗德与蓬蒂厄伯爵争辩

第七章 哈罗德国王

都可以返回英格兰,至于您要找的人质,也就是您的兄弟和您的侄子,他们都将交给您亲自安排。"尽管这么说了,但威廉还是力劝他不要马上回去,最好能跟他的同伴们在诺曼底多待些时日。盛情难却,他接受了威廉的提议。

其实,所有的殷勤好客都是有原因的,否则读者不会欣然相信。一边是歌舞升平,一边却是威廉的重重顾虑,哈罗德极有可能在他的权力范围之内争夺英格兰王位继承权。尽管如此,威廉还是希望通过自己的态度,让哈罗德主动放弃英格兰王位。于是,为了让哈罗德主动放弃,威廉只好对他施以各种怀柔政策。为了让哈罗德在诺曼底过得舒心,威廉费尽了心思,做足了功课。他向他展示了这个公国的财富和资源——他带他到各地参观城堡、修道院和集镇。最后,他还提议,他应该带他去布列塔尼进行军事探险。

千奇百怪的事物和富丽堂皇的场景应接不暇,哈罗德对自己享有的荣誉欣喜不已,就连他的同伴和侍从也跟着高兴起来。威廉不仅授予哈罗德的侍从们爵位,还赠予他们高昂的马匹、尊贵的旗号、合身的盔甲以及其他物品。他这么做不仅激发了他们的猎奇心,还提高了他们的尚武精神。威廉很快就俘获了所有人的心。当他邀请他们去布列塔尼时，他们都表现出一副迫不及待的样子。

布列塔尼位于诺曼西部国境线上，所以这次探险路途并不遥远，耗时也不会太久。事实表明，这的确是一次令人愉悦的短途旅行。威廉带着他的客人越过诺曼底的边境线进入邻国领地，就像现代贵族会带着一群人去森林狩猎一样，那次探险极具掠夺性。在这次持续性的活动中，威廉和哈罗德看起来是那么亲密无间，情同手足。他们不仅在同一张桌子上吃饭，还在同一个帐篷里睡觉。哈罗德在布列塔尼的各种探险中表现出了卓越的军事才能和无所畏惧的勇士精神，这让威廉原本的计划变得希望渺茫。威廉发现，通过这种方法去阻止他的对手只会适得其反。从布列塔尼回到诺曼底之后，威廉认为是时候采取措施了。于是，他决定跟哈罗德就他的计划达成一个公开协议，并探寻合作的契合点。

据历史学家讲述，有一天，威廉在归途中给大家引出了一个话题，这个话题关于战争、打斗、围攻、逃亡和其他类似的冒险活动。当时，大家对此类事物耳熟能详，每次聊起来也总是滔滔不绝。最后，威廉找到了哈罗德，他觉得此时的交流气氛对自己非常有利，正是引

第七章 哈罗德国王

入英格兰王国及其王位继承的最佳时机。他毫不隐瞒地告诉哈罗德:"在爱德华国王、你和我之间,爱德华国王很久以前就想把你定为他的继承人了。"此外,他还对哈罗德说:"如果你能跟我合作并得到我的帮助,那你一定会有更大的胜算。当然,我也不会白帮你的忙,你得承诺给我最大的回报和最高的荣誉。"他接着又说道:"你唯一的竞争对手就是年轻的埃德加,但他既没有忠诚的朋友,也没有稳固的政党和军队,更没有任何手段去维持他的虚荣。再说了,现在爱德华、你和我显然都已经掌握了所有的权力,如果我们三人能达成一致,

爱德华在位期间发行的银币,上面的人物为爱德华。

齐心协力，那英格兰王国的权力和荣誉可就全是我们的了！"

哈罗德听了所有的建议之后，假装表现出一副兴致勃勃的样子。他的确对这个提议感兴趣，但内心并不高兴。因为他希望自己能独享英格兰这块"大蛋糕"，而不仅仅是分得其中一块。如果他最终只分得其中一块，那这块"蛋糕"即使再大也会变得没有意义。不过，谨小慎微的他并没有轻易表达自己的不满。相反，他痛快答应了威廉的计划，他声称："我不仅要全心全意投入到这个计划中去，还会立即开始准备，采取实际措施付诸行动！"威廉对这次谈判的结果非常满意，两位首领骑着马回到了诺曼底威廉的宫殿里。在旁人眼里，他们的关系已经非常亲密。然而，所有的一切都只是表象，此时的哈罗德正暗中决定尽快从诺曼底赶回英格兰。他要确保自己的王位不受威胁，哪还顾得上他对威廉的承诺。

当然，威廉也不会傻到完全依赖哈罗德的承诺。为了让双方履行协议内容，他也制定了计划，采取了相应的措施。这些措施共有三种——联姻、赠与人质和庄严宣誓。

为了加强与哈罗德之间的联系，威廉相继提出了

第七章 哈罗德国王

两桩婚事。第一桩婚事就是哈罗德要把他的一个女儿嫁给某位诺曼底酋长。明眼人一看就知道这是要把他的女儿作为人质置于威廉的掌控之下,但哈罗德还是应允了。第二桩婚事则是让哈罗德娶威廉的女儿为妻。但由于当时威廉的女儿阿黛拉年仅七岁,这只能成为一个约定。好在哈罗德同意了这个提议。为了让双方都能以最庄严的方式兑现诺言,他还做出了具体的安排。这一天,所有的骑士、贵族和贵妇人聚集在一起,在勇猛的勇士和天真的孩子们的拥簇下,订婚仪式正式举行,当时的场面就像举行了一场真正的婚礼一样盛大。

在人质问题上,威廉决定拘留哈罗德的一位近亲,对外则宣称这个人只是到诺曼底来疗养的。所以,他告诉哈罗德:"你可以先带走你的侄子哈格恩,至于你的哥哥乌尔诺斯,等你真正占领王国的时候,你再带走他吧。"尽管哈罗德很不情愿把乌尔诺斯继续留在威廉身边,但他很清楚,如果不遵守协议,他就很难回到英格兰。所以,他还是欣然同意了威廉的要求,这样一来,乌尔诺斯一时半会儿就回不了英格兰。

最后,为了让哈罗德遵守诺言,履行义务,威廉建议他在各国领导人代表大会上进行公开的庄严宣誓,因为只有这样他才能在公众的监督和约束下实现诺言。对此,哈罗德虽然觉得自己的行为受到了限制,但还是没有反对。与其继续受威廉摆布,不如暂时忍气吞声为自己逃离诺曼底创造机会。哈罗德受够了威廉绵里藏针的丑态,他现在只想赶快回到英格兰,重获自由。于是,他暗暗告诉自己,无论以后做出何种誓言,都不过是被逼无奈,那也就没有任何效力。此外,他还提前采取了各种准备工作去应对威廉可能会随时提出的建议。

大会召开了。议会大厅的中央放着一张大桌子,桌子上有一块被布遮盖的金子。遮盖布上面放着一本羊皮纸制成的《弥撒》,在金子的映照下,《弥撒》显得熠熠生辉。一位福音传道者打开了《弥撒》,这种起誓的方式在当时极为严肃。

大厅里,骑士和贵妇摩肩接踵。哈罗德在这个庄严的场景中前行,他的心里难免会产生些许不安。他要在上帝面前重复之前的诺言,此外,他还要当着上帝的面诅咒这些人,其实他的有意为之已经早有蓄谋了。不经意间,他已经走到了桌子跟前。他一只手拿起打开的《弥撒》,另一只手按在上面,重复着威廉之前对他说过的话。他再三表示,只要威廉肯帮他争取王位继承权,他就会

第七章 哈罗德国王

在阿黛拉长大后娶她为妻，他还会把自己的女儿嫁给威廉的一位酋长。

宣誓刚一开始，威廉就把《弥撒》和那块金子移走了。他把它们放进了椅子下面一个装有教堂圣物的箱子，这些圣物都是威廉从他的自治领地的修道院中秘密收集的。威廉趁哈罗德不注意，把《弥撒》和金子转移到了更隐蔽的地方，这样一来，可怕的制裁就会被强加到那些圣物上。这些圣物是放在棺材里的骸骨碎片，以及基督十字架残损的木屑，骸骨上还带有星星点点的血迹。正如修道士所讲，这些圣物不仅有修道士的，还有救世主的。这些圣物在修道院和早期的教堂里非常庄严肃穆，我们很难想象人们对它是多么的敬畏。哈罗德全然不知威廉的那些小动作，他被眼前这一幕吓得浑身发抖。想到方才说的话，他不禁毛骨悚然。但是，要撤销他所做的一切已经来不及了。大会解散之后，威廉认为他的新盟友一定会坚若磐石，而哈罗德也开始准备离开诺曼底了。

哈罗德一直跟威廉保持着良好的关系，直到他离开诺曼底。威廉不仅送给他很多贵重的礼物，还一路把他送到渡口。哈罗德扬帆起航，在海峡中安全行驶，最后回到了英格兰。

征服者威廉

哈罗德一回到英格兰就开始马不停蹄地采取各种有力措施去巩固自己的事业，为自己登上王位做好准备。他不仅集结了自己的党羽，收集了战争所需的武器，还竭力讨好了那些有财有势的贵族。他向国王寻求帮助，并说服国王抛弃威廉。国王年事已高，朝不虑夕，整日郁郁寡欢，变得越来越迟钝了。他整天都在想着各种教会仪式，整个人陷入了一种麻木不仁，毫无生气的状态。长此以往，他更没有心思去考虑他驾崩后这个王国的生死兴衰了。他并不在乎王位到底该传给哈罗德还是威廉，他只求自己能在宁静中死去。

几年前，他曾计划去耶路撒冷朝圣。后来，他跟教皇协商之后，在伦敦以西几英里处建了一座威斯敏斯特大教堂，间接实现了他的朝圣愿望。威斯敏斯特大教堂与伦敦市中心的圣保罗大教堂交相辉映。后来也被人们称为西敏寺大教堂。一切准备妥当后，国王就开始建设这项宏伟的工程了。为了建成新教堂，他召集了所有的教士和神职人员在伦敦开会议事。然而，天有不测风云，就在万事俱备的时候，国王突然生病了。他们把他放在宫殿里的龙榻上，他躺在上面半睡半醒，痛苦地呻吟着，而萦绕在他心头的依然是实现他朝圣愿望的大教堂。他多希望自己能重振雄风完成这项工程啊。于是，工人们

第七章　哈罗德国王

不分昼夜地赶工，只为能满足他临死前唯一的愿望。第二天，他明显被命运击溃了。哈罗德和他的朋友们急于知道这位即将西去的君主会把王位传给谁。他们像粗鲁的士兵一样在宫殿里来回踱步，高声喧哗，严重加快了国王的死亡时间。国王对此无力关心。于是，他让他们自行推举下一任国王、公爵和伯爵，而后在一片混乱中离开了人世。

哈罗德对此早有安排，他设法保住了在王公贵族们中的影响力，并召集他们推举他继承王位。当时，埃德加尚且年幼，根本没有任何能力去争夺王位。况且他虽然身处英格兰王室，但却是一个名副其实的外国人——他从小在欧洲大陆长大，连一句英语都不会说。因此，面对各种诉讼，他非但没有半句怨言，还默许了这个结果。忏悔者爱德华死后不久，哈罗德在伦敦圣保罗大教堂举行了盛大的加冕礼，埃德加以旁观者的身份目睹了这一切。加冕礼后，哈罗德立即封埃德加为骑士，并在教堂举行了封赏仪式，好让外人看到他顾全大局的一面。不仅如此，他还封赏了许多志存高远的人，他想借此把这些人绑在身边，为他所用。这样一来，他似乎成了名副其实的英格兰国王。

之前，哈罗德娶了一个英格兰的年轻姑娘，这位

18世纪的威斯敏斯特大教堂。绘者信息不详

登上王位的哈罗德。出自13世纪一本书籍中的插图

姑娘出身贵族世家，是家族中最富有的女继承人。这段婚姻极大地加强了哈罗德在英格兰的影响力，并为他后来继承王位铺平了道路。不久后，哈罗德登基的消息穿过英吉利海峡传到了诺曼底威廉耳中。很明显，哈罗德有意公开违背了当时的约定。接下来，他该如何应对被惹怒的威廉？他又该如何说服威廉解除这些约定？想必他已经早有准备了吧。

远征英格兰的准备

精彩看点

哈罗德之兄托斯蒂格——兄弟争位——托斯蒂格远在欧洲大陆——赶往鲁昂向威廉报信——威廉陷入沉思——费佐斯本的安慰——召集贵族开会——使者前往伦敦——哈罗德当初的三个承诺——哈罗德的回复——威廉备战——威廉需要资金——对威廉远征计划的不同态度——费佐斯本出谋划策——资金难题的解决——兰费朗克去见教皇——教皇亚历山大三世——罗马教廷支持威廉远征——威廉在邻国征兵——威廉向投奔者的承诺——威廉希望得到腓力一世的支持——圣热尔曼宫——腓力一世劝威廉放弃远征——腓力一世的小算盘——玛蒂达尔与摄政委员会——双尾彗星及其预兆

第八章 远征英格兰的准备

给威廉带来哈罗德登基消息的使者是哈罗德的哥哥托斯蒂格。他虽然是哈罗德的哥哥,但却是哈罗德最痛恨的仇敌。兄弟二人因为争夺王位,平日关系并不和睦。当时,传送情报的公开渠道是没有的。托斯蒂格安插在英格兰的间谍向他报了信,远在欧洲大陆的他这才得知忏悔者爱德华驾崩的不幸噩耗和弟弟哈罗德已经举行加冕礼的消息。于是,他快马加鞭,赶往鲁昂,打算把这些消息告诉威廉。这时,他多么希望趁机煽起威廉对他弟弟的敌意。

托斯蒂格抵达鲁昂的时候,威廉正在郊区的一个广场上检验匠人们最新研制的弓箭。威廉是一个肌肉健硕的猛士,他轻而易举地拉开了别人拉不动的弓,常常赢得一大片喝彩。而这种喝彩很大程度上是出于礼节。在王室的领地上,明智的官员们行事谨慎,生怕在什么事情上胜过了君王。尽管如此,威廉还是凭着他的真本事得到了众臣发自肺腑的赞扬。弓箭是威廉非常青睐的武器,更何况这把全新的弓弹性十足,力量威猛。威廉和他的将军们正打算一起去广场上试试它的功效。就在这时,托斯蒂格来了。托斯蒂格一路跟到了广场上,然后避开众人,私下里把消息告诉了威廉。

威廉被托斯蒂格的谨慎行为打动了。他把手中的箭放在地上,向托斯蒂格深深地鞠了一躬。他站在那里默不作声,一会儿解开披风上的束带,一会儿又绑住束带,

威廉收到托斯蒂格的消息。绘者信息不详

第八章 远征英格兰的准备

就这样心神不宁地重复着同一个动作。等他冷静下来后，他慢慢地离开了广场，往城里赶去。侍从们默默地跟在他身后，谁也不知道到底是什么震惊的消息竟然对公爵产生了这么大的影响。

威廉走进城堡的大厅，他来回踱着步，陷入了深思，看起来焦虑极了。侍从们静静地站在一旁，不敢跟他说话。他们开始猜测那个消息的性质，并四下散播谣言。最后，一位名叫费佐斯本的官员来到了城堡。他穿过庭院，来到大门口。一旁的侍从们手无足措，看来只有他敢上前跟公爵问个明白，搞清楚事情的来龙去脉了。他对众侍从说："我对此事虽然一无所知，但我很快就能弄明白是怎么回事了。"话音落地，他就向威廉走去，问道："您为何要向我们隐瞒情报呢？城中传言英格兰国王已经驾崩了，哈罗德不仅违背了他的誓言，还篡夺了王位。这是真的吗？"

威廉不得不承认，他的确是因为这份突如其来的情报而感到懊恼不已，焦虑不安。费佐斯本劝他不要被此事气坏身子。"至于爱德华国王之死，"他说，"此事已成定局，无法挽回了。但哈罗德篡夺王位，背信弃义，这件事就很好解决了。您不但有权继承王位，还有相当强大的兵力。如此一来，建立霸业指日可待。"

这几天,威廉的内心很不平静。刚收到情报的时候,他怒不可遏。现在,无论是选择忍气吞声,还是选择奋力一搏,他都需要静下心来深思熟虑。最后,他决定召集公国的贵族们开会,向他们说明此事。他这样做不是为了得到他们的建议,而是以正式而庄严的形式让他们意识到这次危机的严重性,并要求他们大力配合后面的行动。这次会议的结论很大程度上是在威廉的坚持下得出的——派使者前往英格兰,要求哈罗德兑现他的诺言。

于是,使者被派出去了。抵达伦敦后,使者从容不迫地向哈罗德讲述了事情的原委。谈话主要涉及哈罗德曾许下的三个承诺——第一,把他的女儿送到诺曼底,嫁给威廉的一位将军;第二,他要迎娶威廉的女儿;第三,忏悔者爱德华驾崩后,他要拥护威廉公爵对英格兰王位的主张。此外,使者还提醒哈罗德:"别忘了您在教堂圣物面前的庄严宣誓,难道您打算违背这些誓言吗?"

哈罗德的回复如下:

第一,我是答应了要把女儿嫁给威廉的一位将军,但现在已经做不到了,因为我的女儿

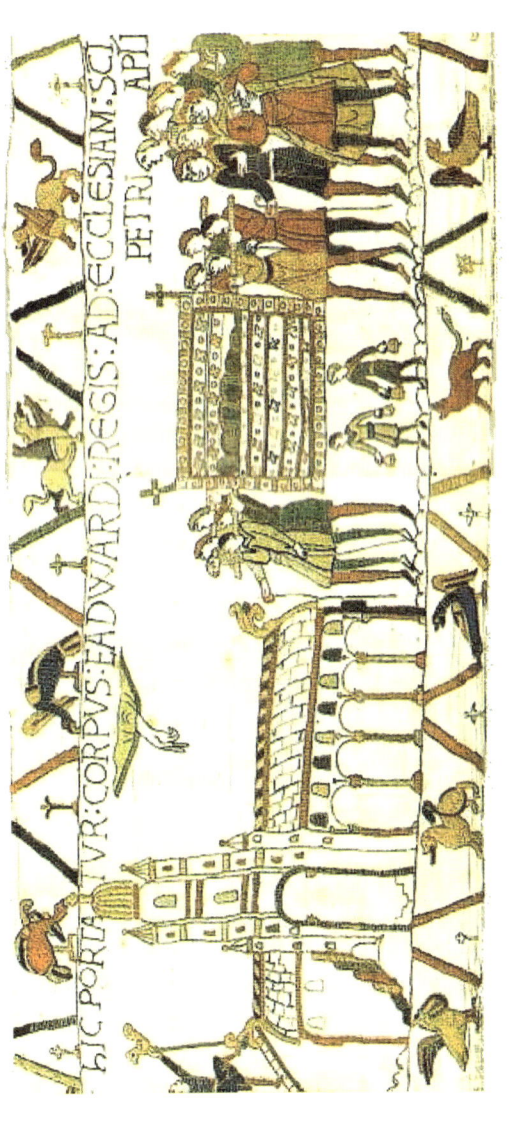

巴约挂毯,爱德华国王的葬礼

已经死了。我想威廉总不希望我把女儿的尸体送去吧。

第二，关于迎娶威廉女儿一事，我只能遗憾地说，这件事已经超出了我的权力，未经英格兰人民同意，我是不能与外国女子通婚的；再说了，我已经是个有妇之夫，我的妻子是本国一位撒克逊姑娘。

第三，至于英格兰王国到底该由谁统治，谁才是忏悔者爱德华的继承人，这也不是我说了算，而是取决于忏悔者爱德华自己的遗愿以及英格兰人民的意志。英格兰贵族和男爵已经认同忏悔者爱德华的遗愿，所以我继承王位纯属合法合理，更何况我并没有控制他们的想法。显然，无论我现在多么愿意顺从威廉的主张，遵守和他之间的诺言，他都无法向我保证英格兰王位，因为这早已超出了他的职权范围。

第四，再说说我当时的誓言，尽管黄金下面有一些圣物，但我并不认为它们会对我的良心产生约束，毕竟那是我离开诺曼底的唯一办法。不得已的情况下进行的宣誓，怎么能作数呢？那简直就是敲诈、勒索！

第八章 远征英格兰的准备

使者带着哈罗德的回复回到了诺曼底。威廉听完，随即开始备战。

首先，威廉召集了他最亲密的朋友和公国最重要的贵族，并把他的计划告诉他们。他们非常认可这个远征英格兰的计划，并承诺尽全力配合行动。

接着，威廉召集公国所有贵族和地方官员开会。大会上，他们主要审议了诺曼底公国是否该征收必要的税赋，以筹集打仗的资金。作为公爵，威廉是远征的最高决策者，并承担相关责任。对他而言，扩军增兵并不是什么难事，因为诺曼底公国的每位男爵都被封地捆绑着，被封建制度束缚着，所以他们必然会为君主的任何军事行动效力尽忠。这次远征长途漫漫，规模宏大，所以威廉需要比平时作战准备更多的资金。中世纪，政府没有足够的经费去筹集如此大批量的物资。就像现代社会的免税经营一样，当时的政府无权征税。即使是现在，法国和英国的税收也是人民以基金的形式赠予国王。现在，人们采用非常巧妙的办法向各国政府开放取之不尽的资源。也就是说，今人的债务留给后人去偿还，后人要么选择按额支付，要么选择死不认账。而威廉所在的那个时代，估计再聪明的财政大臣也想不出这种法子。所以，要想赢得战争，

征服者威廉

每个统治者都必须依靠自己领地上的租金和税收以及自己的私人资源。威廉发现,当务之急是要造船,储备足够的粮食和武器,可这些没有一项不是耗资巨大的。这可真够他愁的了。

在大会上谈这个问题时,威廉不禁心烦意乱。住在城镇里的市民安居乐业,工匠专心提升自己的技艺,商人则整天使用他们的生意经。除了这些,百姓别无所求,他们无论如何都不可能放弃眼前安逸的生活,而去支持威廉的远征计划。在他们看来,为了支持威廉远征而贡献出自己的收入,这非但不妥,简直是荒谬至极。更何况,即使入侵成功了,他们又能从中得到什么好处呢?于是,许多男爵也开始反对威廉的远征计划。他们认为,这个计划很有可能以失败甚至灾难告终。他们拒绝执行威廉的主张,因为威廉要争夺他国的王位,他们根本没有必要掺和进去。

与此同时,不少男爵强烈赞成这个计划。他们比其他人对这个计划更上心,也更有信心,或许是因为他们所处的社会地位,更能让他们对这次远征抱有成功的希望,而不是失败的恐惧。因此,支持派和反对派之间的分歧越来越大。在现代议会中,辩论往往井然有序。然而,当时的诺曼底并非如此,大会一度混乱不堪。与会者聚

威廉的画像。绘于十六世纪末,绘者信息不详

集在一起，围在某个人身边，听取这个人的慷慨陈词。他们非常安静，不发表自己的看法，只是默默地在不同的人群中来回走动。他们时而被这个发言者的口才所吸引，时而又被那个发言者的情绪所感染。这一幕像极了美国的某个行政机构的公务员被总统任命时的场景，他们很难按捺住激动的心情。

费佐斯本不仅是公爵的挚友，还是公爵的国务顾问。他得知忏悔者爱德华驾崩和哈罗德继位的消息后，第一时间赶到了公爵身边。现在，一场混乱不堪的会议就摆在他的眼前，人们七嘴八舌，各持己见，已经无法正常议事了。于是，他建议公爵不要寄希望于这场会议能诞生什么决议。他告诉公爵："您最好能在能力范围内给这些人开出一份合理的条款，否则将很难做好备战工作。"他还说："我会为您提供40艘船，并配上相应的士兵、武器和粮草。"他还建议公爵单独召见那些支持者，问问他们都愿意做些什么。公爵采纳了费佐斯本的建议，成效果然显著。首批觐见的人提供了大量的赞助，并由枢密顾问一一登记造册。觐见的人陆续到场，他们一个比一个表现得热情慷慨，谁也不甘下风。此外，为了表达对这些支持者的谢意，公爵款待了他们。通过无微不至的关怀，公爵要让他们觉得，只有他们

第八章 远征英格兰的准备

努力发挥自己的作用，尽可能多地出资出力，这次伟大的远征才有可能取得胜利。总之，形势很快就向好了，越来越有利于进行远征了。贵族和骑士向威廉许诺了士兵、金钱、船只、武器以及其他所有必需品。登记造册工作完成后，枢密顾问清点了赞助的总数并上报给威廉。威廉对此非常满意，他实现宏愿的基本条件终于具备了。

这时，一个棘手的问题来了。没有教皇的批准，威廉是不能发动远征的。于是，为了获得教皇的支持，他立即采取了措施。他深知，如果教皇能支持他，那么他将获得不可估量的道义优势。他派出一名使者前往罗马，并由这名使者向教皇陈述了整个事件的来龙去脉，然后真诚地请求教皇赐予威廉入主英格兰王室的权力，允许他用武力占领英格兰。这位使者是英格兰坎特伯雷大主教兰费朗克，几年前正是他成功说服教皇承认了威廉和玛蒂尔达的婚姻关系。

这次，兰费朗克依然不负众望。教皇亚历山大二世支持了威廉的主张，并宣布他的主张合法。他认为，威廉有权继承英格兰王位，随后便发布了正式批文。根据罗马宗教的习俗，这个批文被标上十字架的符号，并被加盖圆形铅印公章，制作精美，犹如工艺品。

坎特伯雷大教堂外兰费朗克的雕像

教皇亚历山大二世画像。阿尔托·蒙特（1772—1849）绘

征服者威廉

事实上，罗马教廷积极响应威廉的远征，并且给予高度关注，这是情理之中的事情。毫无疑问，应该统治英格兰王国的人是威廉，而不是哈罗德。只要威廉成为英格兰国王，罗马教廷就会立即承认。一直以来，威廉都很顺从罗马当局，就像他当时在婚姻问题上表现的那样。他和他的妻子玛蒂尔达热衷于建修道院和教堂，支持宗教的发展。威廉派使者去罗马向教皇陈述他的主张，哈罗德对教皇则没有任何表示。如此一来，罗马教廷看到了威廉的诚意，更信赖威廉了，而威廉也就更有可能战胜哈罗德，成为英格兰王国了。罗马教皇和他的高级官员在认真考虑各种因素后，最终决定支持威廉，反对哈罗德。他们坚称，主持公道是他们的职责所在。

最后，教皇亚历山大二世不仅发给威廉书面批文，还送了象征王权的一面旗帜和一枚戒指。这面旗帜做工精细、古色古香。但它最主要的价值在于神圣不可侵犯的祈愿。兰费朗克将这些物品转交给威廉。

戒指由黄金打造，上面还镶着一颗闪闪发光的大钻石。其实，黄金和钻石的收藏价值和纪念意义已经远远超出了它们本身的价值。另外，还有一件圣物是

第八章 远征英格兰的准备

一根来自圣彼得①的头发。圣物充满了神圣的美德和不可估量的价值。

兰费朗克将铅印批文、旗帜和戒指带到诺曼底的时候,人们兴奋的心情实难形容。远征得到了教皇的大力支持,这就意味着远征是大势所趋,那成功的可能性必然大大增加了。这时,人们纷纷对威廉肃然起敬。从那以后,征兵的问题迎刃而解,征集物资的工作不断推进。人们踊跃参军,他们现在多想在远征中建功立业,赢得名,获得利!

威廉见形势一片大好,就派人到诺曼底的所有邻国去征兵。他希望看到更多的骑士以及各阶层的勇士参加远征。征

圣彼得

---

① 圣彼得是早期基督教领袖,耶稣十二门徒之一。——译者注

征服者威廉

兵的告示很快就引起了各国的注意。许多勇士决定为威廉服役,马匹、武器等各类物资的需求随之增加。现在,远征英格兰成了人们热议的话题。一时之间,通往诺曼底的各条道路上尽是前去服役的士兵,他们有的骑马奔驰,有的徒步前行;有的结伴而行,有的单独前往;有的走大路,有的趋小径。威廉把来归的人们集结在麾下,并向他们承诺:"大战胜利之日,就是诸位受赏之时!"到那时,威廉会根据每个人的战功,或赏钱,或封爵,或赐战利品。就连教会的神父和教士也会分得一杯好羹。其中有个人提供了一艘船和20名士兵。根据协议,威廉夺得英格兰王位后,将任命此人为英格兰某教区的主教。

诺曼底内陆的备战工作正紧锣密鼓地进行着,沿海港口和城镇的海军备战工作也进行得如火如荼。众多造船师参与到造船及其配套设施的工作中。这些船有的用来运送士兵,有的用来运送粮食和武器。驳船和小艇不仅可以载着海军逆流而上,还可以用于登陆。铁匠和军械师正在赶造矛、剑和盔甲,忙得不可开交。同时,许多劳役赶着牲畜,运输武器和其他军需物资。

万事俱备,只欠东风。此时,威廉想起他还应该得到法兰克国王腓力一世的支持。法兰克国王是诺曼底公

第八章 远征英格兰的准备

爵的君主,威廉不得不承认腓力一世的最高权力。但他一旦成为英格兰国王,或者更确切地说是英格兰王位的继承人,那他就会摆脱腓力一世的羁縻,彻底独立。之后,封建君臣关系再也不能约束他了。不过,他仍然非常希望获得腓力一世的一世,至少说服腓力一世不要干涉。于是,他放下国内的备战工作,只身一人前往法兰克宫廷。他觉得,派使者去游说,不如亲自前往,因为这更能让腓力一世看到他的诚意,从而获得腓力一世的支持。

圣热尔曼宫距巴黎不远,威廉在那里找到了腓力一世。觐见国王时,威廉表现得毕恭毕敬,诚惶诚恐。腓力一世虽年富力强,却也傲慢自负。无论是年龄、经验,还是人品、性格、声誉,威廉都胜腓力一世一筹。尽管如此,精明的威廉还是把自己的计划恭恭敬敬地告诉了腓力一世,恳请他准许并施以援手。他说:"如果能得到您的支持,我就能得到英格兰王国,到那时,所有的一切就都属于法兰克王室了。"

腓力一世似乎并不看好这个计划。他问威廉:"你要离开诺曼底去出征,那谁治理你的公国呢?"威廉回答道:"我认为这不是什么大问题。"反复思考之后,他从政治大局出发补充道:"上帝恩赐我一位贤妻,

征服者威廉

法兰克国王腓力一世的画像。
绘于 1837 年,绘者信息不详

早期的圣热尔曼宫，绘者信息不详

又赏予我那么多忠臣，我不在的时候，他们会全权处理政事，直到我回去。"即便这样，腓力一世还是反对这个计划。他说："这个计划不仅不切实际，而且危险重重。"他认为，威廉的野心过度膨胀不见得是好事，就好比"水满则溢，月盈则亏"，孤注一掷的计划只会让威廉遭受灭顶之灾。于是，他强烈建议威廉放弃这个计划。

其实，一直关注威廉动向的腓力一世曾召集贵族和官员商议过此事。商议的结果跟他最初的判断并无二致。他们断定，援助威廉不仅要耗费王室的巨额财产，而且很有可能使王国卷入战乱。至于威廉承诺将英格兰作为法兰克王国的附庸，他们均表示没有信心。他们说："这么多年来，法兰克王室一直很难控制诺曼底，威廉一旦占领英格兰，实力必然大大增强，要想控制诺曼底，就会变得难上加难。"

腓力一世正是根据商讨的结果，给了威廉最后的答复。威廉收到答复后，内心无比失望。临别的时候，为了尽量安抚威廉，腓力一世特意安排亲军护送威廉，好让他能不失体面地离开法兰克王宫。但威廉并没有因为腓力一世的安排而感到一丝高兴。他对腓力一世说："从我离开的这一刻起，您想要追求的至高无上的军权都将

第八章　远征英格兰的准备

成为泡影！"他还说："我有心为您开疆拓土，打下整个英格兰，本想着如果您能帮我一把，日后我定会臣服于您，但既然您拒绝了，那就休怪我不讲情面。我只会报答那些帮助我的人。"

不久，威廉回到了诺曼底。他不在的这些日子里，远征的准备工作都进行得非常顺利。接下来，他要安排出征前的最后一件大事了。这件大事就是颁布他出征后诺曼底政府统治诺曼底公国的常规法律。他决定把最高权力交给妻子玛蒂尔达，同时命令摄政委员会的文臣武将辅佐她处理政事。任命仪式接近尾声时，威廉正式把权杖交到玛蒂尔达手中，并以下面这句话作为结束语，"愿你和侍女们的祈祷灵验，愿上帝保佑我们凯旋"。

无论是跟哈罗德说的话，还是与腓力一世的周旋，我们都不难看出，威廉的身上带着太多的伪善和虚假。正是因为如此，他才会寄希望于上帝，虔诚地祈祷，请求上帝保佑他在接下来的远征中一帆风顺，并能避开那些潜在的政治陷阱。他觉得，他是英格兰王位的合法继承人，他要拿出强大的男子气概，去夺回属于自己的权力，履行神圣的职责。在当今世界，许多国家的政治、经济和文化深入人心，一些地区的群众会形成自治政府。共和党人为了强化其力量，扩大其队伍，终结封

玛蒂尔达的雕像。位于卢森堡的一座公园里

第八章 远征英格兰的准备

建社会的罪恶行径和利己主义，他们开始把世袭君主跟残忍的暴君画上等号。不可否认的是，世界历史上的确曾出现过很多这样的暴君。但也有很多君主勤于政事，建立了伟大的功业，不失为明君。这些明君由衷地相信，他们在将来展现出的强大实力除了自身的努力，还有来自神圣上帝莫大的信任和助推。很多时候，他们表面上非常专治，实际却很尽职尽责。一位明君不仅会保护他的子民不受他国欺辱，还会想尽一切办法让他的子民安居乐业。他们把毕生的精力都奉献给了上帝的这份重托。久而久之，他们野心和私欲难免会膨胀。但如果撇开君主的名号，他们就跟普通大众相差无几，依然心地善良，诚实守信。诺曼底公爵威廉似乎就是我们所说的那种明君。他一心要夺取英格兰王位，而他之所以生了这种野心，也恰恰是因为他的那份责任感。

不管怎样，威廉还是积极地投入到备战工作中。这段时间，整个诺曼底公国沸腾了。无人不对远征英格兰充满热情，大家都坚信这次远征一定会得到上帝的支持，因为在备战过程中出现了一个非同寻常的现象：正如占星师观察并宣布的那样，天上出现了一颗双尾彗星。人们一致认为，这预示着英格兰和诺曼底的结合，到那时，一个双重王国定会呈现出全人类壮丽无比的盛世景象。

第 九 章

穿越英吉利海峡

精彩看点

迪夫河口——盛大的出征仪式——阅兵与操练——秋分之夜的大风——风暴与恶浪——远征推迟——恶劣天气影响了士气——失事的战舰——谣言四下传播——威廉强行出航——天气转好是假象——去圣瓦勒里港躲避风暴——哈罗德的误判——哈罗德没有完全放弃警惕——哈罗德派往英格兰南部海岸的间谍——威廉切断了信息传递的通道——当时处死间谍的酷刑——间谍进入诺曼底——间谍暴露了——威廉放了间谍——让间谍给哈罗德带话——威廉的真实用意——威廉对军官们的训话——玛蒂达尔送给丈夫的礼物——舰队之首"米拉"号——再次起航——舰队追上来了——顺利登陆英格兰——威廉在黑斯廷斯安营——哈罗德集结10万大军

第九章　穿越英吉利海峡

为了使远征军方便、顺利地穿过海峡，威廉把组建舰队的地点设在一个小河口。这条河是迪夫河。迪夫河从法莱斯城堡附近向北流入大海。1066年9月初，远征大军举行了盛大的出征仪式。这个日子不仅是诺曼底对外扩张的标志，也是后世子孙的记忆中不可磨灭的历史转折点。

舰队组建好了，在迪夫河口鳞次栉比地排列着；军队集结完毕了，沿着河岸迤逦出很远，场面看起来多么蔚为壮观啊！海面上密密麻麻地列着大型海船、帆船、小艇和驳船，悬崖脚下分布着一长串营帐。骑士昂贵的盔甲闪闪发光，士兵们为运送物资忙得不可开交，成千上万的百姓来回观望。威廉穿着华服骑在战马上，随从和军官侍奉在左右。各种阅兵和操练不时举行，气势恢宏。

　　远征军规模庞大，就连登船也要耗费很长时间。终于，一切都准备好了。当时正值9月初，秋分之夜刮了一场大风。因此，他们一时间无法离开港口。接下来的几个星期，狂风呼啸，暴雨如注，恶浪席卷。其间，乌云偶尔散去，太阳会时不时地露个脸，但由于时间太短，水位根本没有下降，所以出征的舰队迟迟无法起航。恶浪滚滚而来，狠狠地冲向岸边，击打着河口的沙丘。每艘战舰似乎都逃不脱被摧毁的厄运，但它们又非得勇敢地面对恶浪的狂怒。灰蒙蒙的天空渐渐吞没这里最初的那抹亮丽。帆卷起来了，舰旗收好了，锚抛下了，整个舰队顽强地抵御着恶浪的袭击。悬崖脚下的营帐成了士兵的唯一庇护所。前来观望的人们纷纷回家，最后只剩下威廉和他的军官们。他们日复一日地注视着天空中不断飘来的乌云，心里越来越焦虑了。

　　很明显，这场持续不断的风暴严重影响了威廉的远征大计，他变得忧心如焚。冬天很快就要来临了，他实在耽搁不起。如果再这样持续一个月，庞大的军队想要跨越英吉利海峡就会变得难上加难。威廉主持的这场远征，充满了艰难和危险，哪怕微不足道的小事，都有可能影响士气。此时此刻，没有什么比天空更能影响士气

欧洲中世纪大型战舰的模型

了。威廉发现，在寒风和暴雨的影响下，将士们的热情持续下降，意志日渐消沉。哪怕是天空皱一皱眉头，这时也会激起他们内心的不满，让他们变得沮丧。这种负面情绪在大军中不断传染、蔓延，而且愈演愈烈。在这段漫长而沉闷的日子里，将士们无事可做，只能靠预测危险来打发时日。每当他们看到悬崖顶上的乌云，汹涌澎湃的浪涛时，类似于船只失事、征战失败等各种各样的画面就浮现在他们的脑海中。因此，不祥的预感无时不萦绕在这些灰心丧气的士兵心头。

当然，这种不祥的预感并非空穴来风。尽管舰队仍然在迪夫河里躲避风暴，但一些战舰仍然时不时地遭受风暴的袭击。这些来得比较晚的战舰，要么结成一支小舰队去了邻近港口晚于集结时间抵达这里；要么就是战斗力强大的巨舰，其指挥官胆识过人，遇到危险绝不含糊。不幸的是，这些战舰很多都失事了。被击毁的战舰碎片，被淹死的水手的尸体，都被海浪推到了岸边。这些死于海难的水手全身浮肿，血肉模糊，惨烈的场景难以用语言描述。水手们的一半身子被埋在沙子里，仿佛大海在竭力掩盖它所酿成的这场灾祸。人们看到这一幕时，无不震惊，而深深的恐惧随之产生了。威廉迅速命令士兵把这些尸体聚在一起，并秘密埋葬。从发现尸体

第九章 穿越英吉利海峡

到妥善处理,他临危不乱,雷厉风行。然而这场灾祸的影响并没有就此打住,士兵们开始无限放大死亡人数和战舰的损失,并极其夸张地四处散播谣言。于是,不满和恐惧充斥了整个军营。局面都快失控了。

于是,威廉决定,哪怕有利的时间非常短暂,他也要抓住机会在第一时间出海。就在这时,狂风突然停止了怒吼,暴雨也似乎消停了许多。一股微风从法兰克海岸徐徐吹来。威廉即刻命令部队拔营上船。先是士兵们的行李很快被送到了运输船上。接着巨大的平底船载着士兵们向战舰驶去。送行的人们出现在悬崖上和海峡附近,见证了诺曼底军队出征前的最后一幕。这时,帆挂起来了,巨大的战舰很快在海上渐行渐远。

然而,天气转好是假象。威廉所谓的有利时机很快就证明是错误的——舰队沿海岸向东北行驶约 100 英里后,乌云再次压了过来,风暴毫不留情地席卷而来。危险随时都会发生,恐惧又笼罩了士兵们。他们不得不就近找了个港口躲避风暴。这个港口是迪耶普附近的圣瓦勒里。虽然威廉回到陆地上了,但他失落极了。尽管如此,希望并没有完全破灭。因为随着法兰克海岸向北延伸,航道渐渐变窄了,这就意味着他们已经在通往英格兰海岸的途中了。此外,离开圣瓦勒里的时候,他们还补充了一些生活用品和军需物资。威廉再次与他的首都,与他的玛蒂尔达告别。

表面上看,远征一开始的种种曲折是灾难性的,是不吉利的,但实际上曲折中孕育着希望,只是威廉当时还没有意识到。远在英格兰的哈罗德得知威廉的遭遇后,天真地以为威廉会放弃这次远征。于是,他的忧患意识不再像之前那么强烈。他不再严阵以待,紧绷的神经放松了。前面已经说过,无论是信息的传播速度还是准确性,当时跟现在实在没法比。因此,政府不得不根据民间的谣言或密探的情报去判断敌军的动向。早在8月的时候,就已经有传言说威廉正在谋划远征英格兰,而为了迎击威廉,哈罗德也做了大量的准备。然而,迄今为止,9月都已经过去了大半,威廉并没有远征英格兰,哈罗德也没有发现任何异常的迹象。于是,他断定,如果不是威廉已经放弃了入侵,那就一定是他把行动推迟到了来年的春天。所以,当冬天来临的时候,他认为当务之急是让士兵们回到暖和的住所去过冬。他调走了一部分士兵,把他们安置在各个城堡和坚固的防御工事里,因为只有在那里,他们才能免受酷寒的折磨。尽管如此,他们还得时刻准备着听从征召。紧急情况一旦出现,他们就会迅速赶去向哈罗德报到。

一幅雕版画,哈罗德接到威廉即将来攻的消息

尽管哈罗德采取了措施，改善了士兵过冬的环境，但他并没有完全放松警惕，他仍然一如既往地观察着威廉大军的动向。他派间谍来到英格兰南部海岸仔细侦察，收集好情报后想方设法传给他。当然，威廉也不是吃素的，他拦截并切断了哈罗德的所有信息传递渠道。风暴盛行，沿海的渔船和商船根本出不了海，更不用说试图穿越海峡。这样一来，哈罗德安插在英格兰南部海岸的间谍也就很难获得情报了。

摸不清敌人的动向，就好似在茫茫大海上找不到灯塔一样。哈罗德如坐针毡，不愿就此罢休，他决定派间谍穿越海峡去诺曼底。于是，密探偷偷进入威廉的领地，并潜入了威廉军中。然而，根据战争法，间谍一旦被抓，就会被当场处死。所以，这项任务的挑战性和危险性都非常高。处死间谍的手段极其残忍——间谍会被绞死，而不是被用箭射死。因此，没有几个人敢冒这个险。尽管如此，还是会有不怕死的人会自告奋勇，请求担此重任。当然，他们会获得非常丰厚的报酬。

哈罗德的间谍经诺曼底以东的一个狭窄通道，穿过了英吉利海峡。然后，他们沿海岸一路前进，并装扮成诺曼底公国的农民，来到了圣瓦勒里。在这里，他们一方面好奇地观察着每一件事情，另一方面又不得不竭力

第九章　穿越英吉利海峡

掩饰他们的好奇。虽然他们行事都很小心谨慎，警惕性也非常高，但最后还是暴露了。他们的间谍身份坐实后，威廉就采取行动，抓获了他们。

事已至此，间谍们都以为自己活不了了。然而，威廉非但没有将他们就地正法，反而原谅了他们，并让他们重获自由。

"回去找你们的哈罗德国王吧，"威廉说道，"给他带个话，他派间谍进入诺曼底搜集情报，小心搬起石头砸自己的脚。他很快——也许比想象的还要快——就会想出别的办法。你们回去告诉他，如果他愿意，他大可在英格兰找个安逸的地方过冬；如果年底前我的舰队还没有打过去，那么他有生之年就不用再提防我了。"

威廉这么说到底有没有作用，他也没有十足的把握，或许只是在吹嘘罢了。威廉知道哈罗德与自己的实力，也明白他的远征绝非鲁莽而纯粹的冒险。或许这就是所谓的知己知彼，百战不殆吧。远征英格兰的计划是他深思熟虑的结果。在普通人眼里，这个计划不过是诺曼底公爵，这个无关紧要的小地方的统治者，向当时世界上最伟大、最强大的君主之一、英格兰国王发动的侵略战争。但在威廉眼里，这个计划却是从篡位者那里夺回英格兰王位继承权的努力。他相信，就算到了英格兰，只要他证明他有能力夺回继承权,他就能获得大部分人的支持与协助。其实,要想让英格兰人看到威廉的实力并不难,那些停泊在港口的庞大的舰队以及岸边一长串住满士兵的大营,难道这些还不足为据吗?

一次,威廉的一些军官表示非常害怕哈罗德的实力,征战的信心也随之一落千丈。乐观放达的威廉对他们说道:"哈罗德的实力越强大,我们越应该高兴,因为在这个过程中,我们不仅能战胜敌人,同时建立了万古流芳的荣誉。"

"我并不是想要干涉你们的思想,"他接着说,"但你们只看到对方的优势。我想问你们,你们有没有好好看待过我们自己的实力呢?现在两军相隔甚远,我们何必去惧怕。哈罗德的间谍都能看出我们的实力有多雄厚,你们跟在我身边这么久怎么就看不出来呢?你们的确应该向敌人好好学学。告诉你们,做大事最不应该的就是前怕狼后怕虎。你们要相信我是一个有远见的人,你们更要相信我们是在为正义而战。只要你们铁骨铮铮,意志坚定,与我一同浴血奋战,先前承诺给你们的事情就一定会实现!"

终于,风暴完全平息了。威廉的远征舰队开始准备离开这里,再次起航。离开的过程中,一个美妙的清晨,

威廉方面的弓箭手。出自
一本军事图书中的插图

哈罗德方面的步兵。出自
一本军事图书中的插图

第九章　穿越英吉利海峡

　　一艘漂亮的帆船缓缓驶进港口，吸引了威廉这边战舰上和岸上所有人的目光。原来是公爵夫人玛蒂尔达用她自己的钱造了一艘豪华的大帆船，她要把它作为临别时的礼物送给丈夫。她带着官员和侍从站在船头，前来见证丈夫的远征，并与他告别。不得不承认，她的到来大大鼓舞了士气。随着豪华大帆船的华丽登场，港口的战舰上和岸上响起了阵阵欢呼。

　　玛蒂尔达的帆船建造精美，装饰华丽。帆的颜色五彩缤纷，给人一种熠熠生辉的感觉。造船师们还在帆上画了三只狮子，这是诺曼底公国的标志。船头有一尊雕像，当时也被称为"破浪神"[①]，其原型是威廉和玛蒂尔达的二儿子射箭的样子。尽管威廉已经取得了诸多成就，但他最想让小儿子明白这次远征英格兰的目的——打下新的江山。雕像上的小孩子把弓举过头顶准备放箭，他的小胳膊看上去多么强壮有力啊！帆船的名字是"米拉"号。威廉把"米拉"号作为舰队的"领头羊"。他把罗马教皇送给他的圣旗挂在桅杆上，并在军官和卫兵的陪同下登上了甲板。他们在甲板上举行了隆重的出征

[①] 帆船头部的一种雕像，具有装饰功能。——译者注

仪式和阅兵大典。

　　终于,他们做好了出海的一切准备。威廉一声令下,士兵们升起船帆,整个舰队开始缓缓驶出港口。如果编年史上没有记错的话,当时共有上千条运输船和400艘大型战舰。每艘船的甲板上,远征的士兵摩肩接踵。船与船的桅杆之间,军队的旗帜迎风飘扬。海岸边的小岛上,送行的人络绎不绝。大海风平浪静,宛如一面明亮的镜子;天空积云[①]跳跃,好似一团团松软的棉花糖;海面浪花滚滚,仿佛一颗颗晶莹的珍珠。当这一幕壮丽的景象浮现在人们眼前时,他们禁不住把远征将要获得的巨大成功与大自然的无限风光联系起来,他们不禁赞叹远征多么崇高,多么神圣。

　　试航时,人们发现,玛蒂尔达送给丈夫的那艘帆船并不仅仅一个外表华丽的观赏品,其过硬的质量更是独一无二。在出征仪式上,它光荣地成了先锋舰队的"领头羊",在它的带领下,整个舰队浩浩荡荡地驶向远方。威廉对"米拉"号的性能非常满意,于是,他命令指挥官加速航行,而全然不顾跟在后面的舰队。夜幕降临时,

---

① 阳光灿烂时出现的一种形似棉花团的云,通常在上午出现,傍晚消散。高度较高,厚度较薄,顶部呈圆弧形重叠凸起,底部几乎水平。——译者注

巴约挂毯,威廉的舰队起航

"米拉"号已经把舰队远远甩在后面。太阳落山时,"米拉"号上的人们已经看不到跟在后面的舰队了。他们原以为舰队会在第二天清晨再次出现,但当清晨来临,旭日升起时,他们还是没有看到舰队的任何踪迹。惊讶和沮丧瞬间闪现在大部分人的脸上。晨光逐渐照亮了南方的地平线,甲板上的水手和军官聚精会神地凝视着那里,但始终没看到任何物体去打破那条平滑的线条。

他们开始感到焦虑不安,只有威廉看起来一副泰然自若的样子。他命人把帆卷起来,然后爬上桅顶观察远处的迹象,但依然一无所获。威廉依然安之若素,他还命人准备了丰富的早餐,桌子上摆满美酒佳肴,或许只有这样才能振奋人心,鼓舞士气。最后,瞭望员再次回到桅顶。

"你发现什么了吗?"威廉问道。

"看到了,"凝望南方海面的男子回答道,"海面上有四个很小的斑点"。仅此一句话就足以唤醒甲板上的热情和欢呼,"我看到的越来越多了……哦,天哪!是船,真的是船!整个舰队冲进了我的视线!"

舰队很快就赶上了"米拉"号,而"米拉"号也再次扬帆起航,载着诺曼底的威武之师缓缓地驶向英格兰海岸。

第九章　穿越英吉利海峡

　　舰队行进的方向过于偏东，以至于登陆的时候，已经离多佛海峡很近了。威廉大军逼近英格兰海岸后，开始仔细寻找哈罗德的战舰。他们原以为会有很多战舰在海上巡逻，保卫英格兰海岸，但实际上，威廉大军连一艘敌人战舰的影子都没发现。其实，哈罗德的战舰从前在其他港口出现过。现在，威廉是幸运的，因为驻守在岛上的英格兰军队几天前已经全部撤离了。这样一来，诺曼底大军就可以顺利登陆了。这里的佩文西海湾宽阔而平坦，一眼望去就像一个伸开双臂面带微笑的绅士，似乎在很热情地拥抱威廉大军。舰队行驶到离陆地适当的距离时，水手们抛下了锚，然后将士们相继下船登陆。

　　在这种情况下，第一个上岸的一定是一名身体健硕的士兵。当时，威廉选中了他最中意的一名弓箭手，由他带领大家上岸。随后，威廉也下了船。他刚从船上跳起来，结果脚底一滑摔了个趔趄，或许是因为他太激动了吧。周围的军官和士兵吓坏了，他们甚至又把这跟凶兆联系起来。但机智的威廉却伸开双臂与地面深深地抱在一起，假装自己是故意摔倒的，他还说："你们看，我抓住了这片土地，从这一刻起，它就是我的了！"威廉站起来后，他手下的一名军官跑到岸边的一间小屋旁折起一把屋顶的茅草，并拿去放在威廉的手里，并说道：

"我把我的新财产向您奉上了。"根据当时的习俗,一个人要想占领新的土地,就得通过购买或掠夺的方式。原有的土地一部分将被交给新主人管理,这部分就好比浅滩的草皮或是屋顶的茅草。转让时,原主人会对新主人说:"现在,我已经把这块地交给你了。"这个仪式是当时完成财产转让的必备过程。

上岸的士兵们马上安营扎寨。为了防止敌军突袭,他们还采取了很多必要的防御措施。其间,登陆船络绎不绝,登陆工作不断推进。登陆的除士兵外,还有工程师、木匠、挖掘工、泥瓦匠和役夫。三架木制塔车的框架在诺曼底时就做好了,现在也登陆了。塔车的各部分齐刷刷地放在海滩上。只要位置选定,这些塔车就会正式作为各种物资的防御设备投入使用。

登陆工作有条不紊进行着。与此同时,威廉派出了一小队骑兵前去打探,看看四周是否有哈罗德出没的迹象。骑兵们跑出几英里后便分头行动,但他们都没有发现敌军的任何迹象,于是相继赶回营地向威廉报告。得知所有事情都已安排妥当后,威廉命人在夜间点燃篝火。军官们在他的营帐里与他共进丰盛的晚宴。看到军队登陆成功,威廉踌躇满志,他相信自己一定可以战胜强大的敌人,在伟大的英格兰王国开创属于自己的王朝。

威廉的大军在英格兰登陆。阿方斯·纳韦尔(1787—1874)绘于1883年

威廉的骑兵。出自一
本军事书籍中的插图

第九章　穿越英吉利海峡

从起航到登陆，上帝几乎为他们创造了所有的有利条件。唯一遗憾的是，舰队中的两艘船不幸失踪。晚饭时，威廉向底下的人询问那两艘船的下落。他们告诉他，失踪的船至今下落不明，能确定的是一堆礁石扰乱它们前进的方向，其中一艘船上的占星师已经被淹死了。在军队离开诺曼底之前，这位占星师预测过这次远征的结果，他对威廉说："你会取得成功，你会战胜哈罗德！"威廉得知占星师被淹死的消息后说道："这个白痴，他连自己的命运都无法预知，还整天想着用占星术去预测别人的命运。"

据说，当时没有桌子放威廉的晚餐，只能放在一块大石头上。后来，这块石头被人们命名为"征服者之石"，至今还在当时威廉用餐的那个位置。

登陆后第二天，军队开始沿着海岸向东挺进。他们一路畅通无阻，既没有发现敌军，也没有遭到伏击。声势浩大的舰队让这个王国的百姓心生畏惧，谁也不敢抵抗。事实上，这里的百姓之所以恐惧，很大程度上是因为一些士兵的行为极度残暴。他们突袭了岸上的村庄。面对这群野蛮的外国人，村民们惊恐万分，四处逃窜。一些人躲进屋子里，另一些人则带着一家老小和贵重物品去修道院或教堂寻求庇护，因为士兵们根本不敢去冒犯上帝，除非他们是异教徒。还有一些人试图隐藏在灌木丛和沼泽中，等那群像龙卷风一样的扫荡大军离开后，他们才敢出来。其实，威廉曾一度表示要保护这个王国的百姓，但他现在已经无暇顾及了。

最后，威廉在一个适合的地方安营扎寨。那是一片靠近大海的高地。高地的西边是山谷，山谷由白垩岩凹陷形成，是英格兰海岸的一部分。山谷底不远就是海岸，这里有一个名为黑斯廷斯的小镇。黑斯廷斯本来名不见经传，但威廉到达后在这里打了一场大仗。从此，黑斯廷斯就变得闻名遐迩了。

威廉的营地就在这个小镇附近的高地上。很快，一排排营帐建好了，从诺曼底运来的三架塔车就在营帐外面。他们划分出了营地的界限，并用从诺曼底带来的三座塔车把营地圈起来。接着，工匠们开始工作了，有的建路障，有的建堡垒，而役夫们则将武器、粮草等运入大营。很快，营地全建好了，一排排营帐连绵不绝，气势非凡。然而，就在此时，威廉派去北方的间谍带回了一个令人惊讶的消息——哈罗德仅仅用了四天时间，就集结了十万大军。

黑斯廷斯战役

精彩看点

托斯蒂格给威廉送信——威廉制定远征计划——托斯蒂格继续寻找盟友——挪威王哈拉尔三世——托斯蒂格与哈拉尔三世达成一致——哈罗德的不安——挪威舰队——挪威士兵的梦——联合舰队突袭斯卡伯勒镇——滚动的火球——托斯蒂格进攻约克镇——哈罗德抵达约克镇——哈罗德打得托斯蒂格措手不及——托斯蒂格与哈罗德的谈判——托斯蒂格战死疆场——挪威残余部队撤退——哈罗德顾头难顾尾——顾问团给哈罗德提议——哈罗德的兄弟——哈罗德侦察威廉大营——哈罗德受打击——间谍的报道——威廉的使节——威廉的霸王条约——哈罗德的建议——哈罗德的军营——威廉的军营——战前宗教仪式——威廉的战马——黑斯廷斯战役——哈罗德战死疆场——威廉在威斯敏斯特大教堂加冕

第十章 黑斯廷斯战役

你们肯定会想起,那个阳光灿烂的午后,威廉在鲁昂的训练场上试箭时发生的事情。是的,那是他第一次收到哈罗德称王的消息,而送信的人恰恰是哈罗德的哥哥托斯蒂格。托斯蒂格是他弟弟最强劲的仇敌。忏悔者爱德华统治时期,他曾是英格兰北部的一个大酋长。约克城就是他当时统治区域的都城。哈罗德称王后极大地削弱了哥哥的权力。托斯蒂格为夺回权力与弟弟大吵了一架,接着就被赶出了他的领地,继而又被赶出了英格兰王国。之后,他辗转来到欧洲大陆。他内心的愤懑久久不能平复。他之所以把哈罗德的篡位恶行告诉威廉,一来是为了警醒威廉,二来也是为了给自己报仇雪恨。他告诉威廉:"哈罗德在英格兰的影响力尚且在我之下,如果你能借我一支小型舰队和一些士兵,我定会向你证明一切!"

威廉同意了托斯蒂格的提议,并满足了他的所有要求。然后,托斯蒂格就起航了。实际上,虽然威廉对托斯蒂格似乎并没有太大的信心,但他还是觉得托斯蒂格的出现或许能引起英格兰的动荡和恐慌,甚至能在一定程度上让敌军自乱阵脚,从而削弱哈罗德的军事力量。既然如此,威廉绝不会冒然跟托斯蒂格一同前往,于是,他决定让托斯蒂格先行一步,自己则正如上一章描述的那样,留在诺曼底制定周密的远征计划。

如果没有威廉的帮助,托斯蒂格绝不会铤而走险,去登陆英格兰海岸。于是,他穿过多佛海峡,向北行驶,后又沿着北海航行。一路上,他都在试图寻找盟友。最后,他来到了挪威。他与挪威国王哈拉尔三世进行了谈判。哈拉尔三世既是一名胆识过人的军人,还是一名喜欢冒险的水手,更是一位智勇双全的大海之王。他喜欢在风口浪尖上寻求快感,获得喜悦。大海孕育了他,大海也成就了他,他的一生都与大海有着难分难舍的缘分和感情。他欣然接受了托斯蒂格的提议。经过充分休整,托斯蒂格再次起航,他穿过北海,向英格兰海岸驶去。与此同时,挪威国王哈拉尔三世也正竭尽全力招兵买马,准备追随托斯蒂格大干一场。所有的事情都发生在1066

一块精美的玻璃窗花,上面的人物为挪威国王哈拉尔三世

年9月初。当威廉正积聚力量威胁英格兰的南部边境时，托斯蒂格等人也在北方形成了一股锐不可当的势力。我们似乎已经看到了一个被阴云笼罩的英格兰王国。哈罗德虽然已经隐约感到了不安，但又很无奈，因为他得不到任何确切的消息。

挪威舰队在指定的港口集合。但随着季节更替和恶劣的风暴天气盛行，挪威将士很快就失去了出海的信心。其实，他们的遭遇跟威廉大军在法兰克王国海岸边所受的挫折是一样的。他们中的一些人曾做过一些自认为不吉利的梦。当时，人们非常迷信这些东西。这些奇怪的梦被古代的史学家记录下来，流传至今。一位士兵的梦境是这样的：当远征军到达英格兰海岸并登陆的时候，英格兰军队竟然前来迎接他们；军队前面有一个身材魁梧的女人，她正骑在一条狼身上；狼的嘴里叼着一个人，它边走边撕扯着这个血淋淋的躯体；当这条恶狼吃完第一个躯体后，这个女人又喂给它一个无辜的受害者。

还有一个不吉利的梦是这样的：就在舰队即将起航的时候，这个做梦的人看到了一群贪婪的秃鹫和其他猛禽。它们刚一停在船帆和桅杆上就被烧死了，仿佛它们也要跟随军队出征似的。一个女人坐在海岸附近的岩石上，她手持利剑，面目狰狞，匆忙地清点着海上的船只。她就像一个无恶不作的魔鬼，不停地向鸟儿们呼喊："去吧！害怕什么，那么多的猎物还在等着你们呢！我随后就到。"

很明显，这些梦要么预示着他们将打败英格兰敌军，要么暗示着他们自己将身陷险境。当时正值雨季，天空变幻莫测。士兵们万分恐惧，越来越多的人对远征失去了信心。奈何他们的这些悲观预测毫无根据，更无从表达。于是，他们开始把那些所谓的预测强加到自己的梦里，而讲述梦境也就成了他们表达悲观情绪的重要途径。面对士气不振的军队，哈拉尔三世忧心如焚，他决定立即把士兵们从恐惧的泥潭中拉出来。于是，他率领军队起航了。他们安全地渡过了北海，在苏格兰海岸与托斯蒂格会和。接着，联合舰队沿着海岸缓缓向南行驶，一路寻找登陆的机会。

最后，他们到达了斯卡伯勒镇的海岸。他们打算从这里登陆进行一次大扫荡。镇上的居民关上城门，隐藏在城墙里，与侵略者展开了持久的对抗。小镇坐落在一座山下，山的一侧危峰兀立。挪威人来到了这座山上，他们找来大量带有干树皮和根茎的树干和枝杈，然后点燃这些东西，将其滚向山下的小镇。如果身临其境，你

挪威人在斯卡伯勒登陆。绘于 13 世纪

第十章 黑斯廷斯战役

会看到熊熊燃烧的火焰红透半边天，你也会听到劈啪作响的火球咆哮如猛虎。读到这里，聪明的读者肯定会问，这是真的吗？很明显，任何一堆东西即使被捆绑得再紧，也不可能形成一个圆球。但如果人们用湿藤条或铁链将其固定住，并在里面掺入易燃物，然后装进一个粗大的圆筒或空心球里，那就可以保证物体滚落时完好无损了。这种方法不是不可行。

事实证明，这个方法虽然奇怪了些，却卓有成效。小镇被大火包围，居民不得不拱手投降。而这仅仅是托斯蒂格远征途中的一段小插曲。他和挪威人大肆劫掠了小镇，然后又登上了舰船，继续他们的征程。

9月底，英格兰国王哈罗德在伦敦收到了来自北方边境的情报。当初，南方边境的情报线路受阻后，他断定诺曼底军队的登陆时间会推迟到来年春天，于是胸有成竹地撤回了南方边境的驻军。而这次的情报确信无疑，他怎么可能再让部队躲在舒适的堡垒中安逸过冬？为了避免王国陷入突如其来的危险，他果断集结军队，挥师北上。

就在英格兰国王哈罗德率军北上的时候，托斯蒂格和他的挪威盟友已经进入亨伯河。亨伯河有一条支流叫乌斯河，约克城就坐落在乌斯河附近，那曾是托斯蒂格统治英格兰北部时期的都城。他们沿着亨伯河溯流而上，终于到达了乌斯河口。这里已经离约克城不远了。于是，他们在乌斯河口登陆，并在这里建起了一个巨大的营地，继而向约克城发起进攻。起初，当地居民奋起反抗，但他们很快就发现这种盲目的反抗犹如以卵击石。无奈之下，约克城官员打算跟托斯蒂格签订一份条约，以表投诚之意。当天晚上，谈判进行得非常顺利。这就意味着，托斯蒂格和他的挪威盟友第二天就可以入主约克城了。于是，稳操胜券的他们离开约克城回到营地过夜去了。

然而就在谈判当晚，托斯蒂格前脚刚走，英格兰国王哈罗德就赶到了约克城。他是来拯救约克城的。哈罗德一向行事谨慎，快到城门的时候，他先派人探了探周围的环境，以免遭到敌军伏击。所幸托斯蒂格的人已经全部撤走了。守城百姓打开城门迎接国王，救援大军迅速进入城内。茫茫黑夜，此刻的托斯蒂格和他的挪威盟友正在乌斯河口的营帐中酣然入梦，完全没有意识到"到手的鸭子"竟有飞走的可能。

第二天清晨，托斯蒂格率领一部分士兵，怀着激动的心情向约克城挺进。在他们看来，约克城是那么唾手可得。当时正值雨季，气温也非常低。而这天清晨，太阳出来了，照得人格外舒适，就连风也变得暖洋洋的。

第十章 黑斯廷斯战役

士兵们不禁感叹道:"看,这将是多么美好的一天啊!"为了轻装前进,士兵们脱下了身上厚重的盔甲。因为在他们看来,这次去只需要举行一场象征和平的游行,而不像之前那样兵戎相见。他们犹如欢快的鸟儿向约克城出发,一路上毫无防备。就在这时,通往约克城的路上突然扬起了尘土。哈罗德率领虎狼之师前来阻击他们了。一时之间,托斯蒂格和挪威人被眼前的景象扰得晕头转向。不一会儿,就有人透过尘土看到了闪闪发光的兵器和迎风招展的军旗。

"敌人!敌人!"一声警报在托斯蒂格的队伍中炸开了花。托斯蒂格和挪威国王哈拉尔三世立即命令队伍停止前进,在原地排兵布阵。不远处,英格兰国王哈罗德也布好了阵。然后,双方站在那里互相打量。过了一会儿,一支由二十名骑兵组成的队伍全副武装,带着免战旗,从英格兰阵营中走了过来。走到离挪威阵营不远处时,队伍里的一位传令官开始向托斯蒂格喊话。托斯蒂格随即上前表示回应。传令官朝托斯蒂格喊道:"我们国王根本不愿与你刀兵相见,他真的希望你们兄弟之间能和睦相处。国王说了,只要你现在放下武器,跟他握手言和,他就会恢复你之前的爵位,不仅如此,他还会把你先前的财产如数交还。"

托斯蒂格对这个提议动心了,只是看起来仍是一副犹豫不决的样子。最后,他问这位传令官:"那我的这些朋友呢?他会如何对待挪威国王呢?"

传令官回答道:"放心吧,我们会为他准备一座七尺高的坟墓,毕竟他是一国之君,与寻常百姓不同。"

"既然如此,"托斯蒂格气愤地给传令官甩了句,"你回去告诉我弟弟,让他直接准备战斗吧。我堂堂托斯蒂格怎么会为了区区名利做出背信弃义之事!"

骑兵们带着托斯蒂格的答复回到了英格兰阵营,战斗一触即发。这场大战看似是托斯蒂格与哈罗德两兄弟的博弈,实则是英格兰与挪威两个国家的较量。英格兰与挪威原本无冤无仇,现在却遭到挪威人的严重挑衅。英格兰人对这群名副其实的外国入侵者实在是恨之入骨,于是,他们把最大的矛头指向挪威人和挪威国王哈拉尔三世。两军交战没过多久,一支利箭就射中了挪威国王哈拉尔三世的喉咙,给他造成了致命的一击。接着,英格兰国王哈罗德向托斯蒂格提出了新的建议:双方停战,谈判和解。而此时,托斯蒂格已经被彻底激怒了,他完全听不进任何关于和平的提议。他继续跟敌人厮杀,直到自己也战死沙场。现在,托斯蒂格的军队士气锐减,犹如一盘散沙。英格兰国王哈罗德对他们说:"如果你

哈拉尔三世指挥大军攻击英格兰军队。根据记载,当时他身穿蓝色束腰外衣,头戴铁盔,挥舞长剑。

英格兰军队与挪威军队激战,挪威国王被刺中喉咙。彼得·尼古拉·阿尔沃(1831—1892)绘于1870年

第十章 黑斯廷斯战役

们放下武器,我就给你们提供一艘船,让你们安心回家。"他们接受了这个提议,很快就起航回去了。北方边境刚刚稳住,南方边境就告急了。威廉在南部海岸登陆的消息传到了北方战场。哈罗德还没来得及庆祝这场胜仗,就急忙挥师南下了。哈罗德深知,威廉可没有挪威国王好对付,他的威胁实在太大了。

英格兰军队刚在北方战场拼杀完,现在又要立刻挥师南下,这对于长途奔波和连续作战的士兵们来说无疑是个巨大的考验。指挥军队的哈罗德虽然已经负伤,却仍然以最饱满的精神率领部队南下。他每到一个地方,就在当地招兵。现在对他而言,时间就是生命,他要以最快的时间到达南部海岸,因为只有抢占先机,才能打对手一个措手不及。而威廉也绝非等闲之辈,为了防止发生意外,他在所有通往北方的道路上都安插了侦察队。一旦发现敌军来袭,侦察兵就会快马加鞭向威廉报告敌情。哈罗德的高级护卫遇到了这些人,并且看到他们迅速赶回营地向威廉报告敌情。这样一来,突袭威廉大军的希望也就破灭了。当哈罗德接近威廉大军时,他才发现威廉的军事力量足足是他的四倍。不难想象,如果以目前的实力去攻打对方的话,他极有可能全军覆没。所以,他现在只剩下撤退或防守的余地。尽管他力量太弱,不能轻易攻击对方，但他还是希望通过严加防守去抵抗敌军入侵，阻止其北上。

哈罗德孤注一掷，他的一些顾问并没有坐视不管。他们建议他先回到伦敦，然后想办法切断威廉大军的粮草，令其难以在英格兰维持生计。他们说："这样下去，威廉大军很快就会因为缺乏粮食而陷入困境，到那时，海峡对岸的人也帮不了他。"他们还说："长此以往，走投无路的威廉肯定会大肆掠夺周围的村庄和城镇，这种暴行一旦激怒了当地的居民，他们一定会前来投靠英格兰大军，跟我们共同抗击敌人。"哈罗德听了这些建议，再三考虑之后还是拒绝了。他回答道："我作为一国之君怎能玩忽职守呢？保护子民和拯救国家是我义不容辞的责任，如果非要用敌军的暴行才能换来人民的支持，我根本做不到！"

于是，哈罗德决定向威廉发起进攻。但他很快就意识到，如果他的态度过于强硬，威廉必然会大举攻击他，因为对于一支刚刚登陆的外国军队来说，他们现在最想做的就是打仗，所以，还不能对其采取正面攻击。于是，哈罗德在距离威廉的营地六、七英里的地方安营扎寨，试图壮大自己的力量。目前为止，双方互不了解，他们不清楚敌军的具体数量，更不清楚敌军的作战计划。两

第十章 黑斯廷斯战役

军之间的区域不似战场胜似战场,恐惧感时刻笼罩在当地居民的心头。他们不知道徘徊在附近的那两颗不定时炸弹会在何地相遇,又会在何时爆发,他们更不知道即将发生的灾难会将那片土地残害成什么样子。居民们惊恐万分,四处奔逃,他们想方设法送走老弱病残者;至于维持生计的金银财宝,能带走的就全部带走,不能带走的就找个隐蔽的地方藏起来。等到居民全部撤离后,两个军营之间的区域变得愈加荒无人烟,两边的人就像大海上迷失方向的航船,找不到灯塔,更看不到希望——他们再也打探不到对方的丝毫情报。

哈罗德在他的军队中还有两个兄弟,他们分别是古尔斯和勒弗温。在哈罗德眼里,他跟他们如同手足。相比于托斯蒂格这个反叛分子,古尔斯和勒弗温则坚决拥护哈罗德的事业。危难时刻,他们不离不弃,尽显兄弟间的真挚情谊。他们强烈建议哈罗德撤回伦敦,万万不可冒着个人的生命危险,又赌上王国的兴衰命运,去挑起一场毫无把握的战役。

营地刚建好,哈罗德就向古尔斯表达了他的想法,"我多想穿越眼前的这片区域去一睹敌军前线部队的风姿啊,不这么做又怎能探出对方的实力呢?"这么做无异于九死一生,因为敌军一旦通过透镜从远处发现他们,就会把一个重二十四磅的类似于炮弹的东西发射过来，到那时，他们如果来不及闪躲就会被炸得粉身碎骨。接下来，他们还会遭到敌军伏兵的包围，甚至敌军骑兵的追击。他们预设了几乎所有的遭遇，因而也采取了相对有效的防范措施——哈罗德和古尔斯不仅挑出了最矫健和最灵活的战马，还选出了几个精锐的士兵。于是，他们骑马越过敌军的防线，在近处的一个缓坡上俯瞰到了威廉的整个营地：栅栏和堤岸延绵不绝，营帐接连不断，士兵掎裳连襟，骑士和军官骑在马上来回巡视，威风凛凛，盔甲闪闪发光，神圣的十字军旗在公爵的大帐篷上随风飘扬。这一切都在哈罗德的内心烙下了深刻的印记，他不得不为之震撼，为之叹服。

哈罗德看着眼前的这一幕，沉默良久，然后说道："或许撤退真的不失为一个明智之举，眼下这局势，要真打起来，恐怕我们会败得无地自容啊。"他还补充道，"虽然我现在大脑一片混乱，但当务之急绝对是改变策略！"这时，古尔斯说道："已经太晚了。这个时候再去解散军队，他们只会把这当成撤退，而不是什么策略。一旦这么做，整个王国都会灰心丧气。"

侦察完威廉的大营后，哈罗德回到了自己的军营。昔日势如破竹的英格兰军队在此刻的诺曼底军队面前犹

威廉的雕像。位于英国的利奇菲尔德大教堂

如强弩之末。尽管哈罗德已经丧失了信心,但他还是决定坚守阵地,誓死捍卫王国。他派出了一部分间谍,这些人是土生土长的诺曼底人,会讲法语——忏悔者爱德华国王在位时,有许多诺曼底人移居到英格兰。为了避免引起怀疑,这些间谍把自己伪装成土生土长的诺曼底人,他们小心翼翼而又毫不做作地混入了威廉的大营。他们仔细洞察大营里的所有事情,然后寻找时机向哈罗德通风报信。他们对诺曼底军队的数量和实力做了详细有力的说明。诺曼底军队中有一大群弓箭手,但他们剃掉或剪短胡须,让密探们误以为是牧师。于是,他们回来告诉哈罗德:"诺曼底军营中的牧师可真多,估计比全军的士兵还多呢。"

就在哈罗德派出密探的同一天,威廉也派出了一支骑兵队在两军之间的区域进行巡视,不过他们并非卑鄙的间谍,而是主张和平的使者。威廉并非主战派,相比于通过武力获胜,他更希望采取和平的方式让对方投降,并把王国移交给他。因此,他派使者向英格兰国王提出了三条建议。前去谈判的使者是一位修道士,叫梅格劳。梅格劳骑着马,举着免战旗,在卫兵的护送下来到了哈罗德的军营。梅格劳告诉哈罗德,如果他能接受这些提议,就可以避免一场战役:第一,哈罗德对着诺曼底的圣物进行庄严宣誓,把王位移交给威廉;第二,经双方同意,由教皇出面宣判谁才是王位继承人,双方不得违抗;第三,两军首领在双方军队面前决斗定胜负。

显然,哈罗德根本无法接受这些提议。第一条是让他完全放弃自己的权力。而第二条无非是让教皇重复一下之前的决定。至于第三条的决斗,只会让哈罗德丑态百出,颜面尽失。他自己又矮又瘦,而威廉则是出了名的肌肉猛男。尽管现代化的战斗多以枪炮为主,个人的优势已经起不了太大作用,但在当时,战斧、长矛和刀剑是主要作战武器,所以个人的身体素质在战斗中也就成了决定性因素。既然所有的提议都属于霸王条款,那哈罗德肯定不会答应。于是,他拒绝了威廉的"好意",梅格劳无功而返。

第一次谈判失败了,但威廉并不沮丧。他又派使者向哈罗德提出了另一个建议:如果哈罗德把英格兰王位交给威廉,威廉就会把所有的领土作为一个行省转让给他和他的兄弟古尔斯,从此兄弟二人受威廉统治,而威廉则回到诺曼底,宣布鲁昂成为整个联合王国的首都。对此,哈罗德依然不予赞同,无论如何他都不会放弃英格兰国王的权力。所以,他再次拒绝了威廉的提议。不过,他自己倒是提出了一个建议。他表示:"我可以妥协，但这件事情必须用金钱来解决。只要他威廉放弃英格兰王位，停止入侵，然后乖乖回到诺曼底，他想要多少钱我都答应。"

威廉怎么可能答应这种羞辱人的提议呢？他始终相信他才是英格兰王位的合法继承人，这不仅是一份至高无上的荣誉，更是一份义不容辞的责任。一天时间就这么过去了，谈判结果却迟迟定不下来。夜幕降临，威廉的军官和顾问开始变得心神不宁。他们说："每隔一个小时就会有增援部队抵达哈罗德的军营，如果再这么拖延下去，即使我们再厉害，也会降低很大的胜算。"于是，威廉决定第二天一早就向哈罗德的军营发起进攻，打他个措手不及。

黎明前的黑夜最是熬人，不祥的预感在哈罗德的大脑中上蹿下跳，他变得越来越紧张，越来越焦虑。他的兄弟古尔斯和勒弗温也是整夜坐立不安。一想起哈罗德的誓言和圣物的严厉制裁，他们就变得越加心慌意乱。他们很难想象，如果哈罗德依然对这件事不予承认，他们还能不能把他从上帝的诅咒中拯救出来。于是，他们建议哈罗德先行撤退，他们则带领士兵留下来抵御敌军。"不可否认，"古尔斯和勒弗温说，"你的确做过宣誓。现在的情况对你非常不利，保险起见，我们还是不要轻

第十章 黑斯廷斯战役

举妄动的好。总之,你得赶快回到伦敦。回去之后,加强兵力严守国都,守住国都就相当于守住了王国。至于跟诺曼底军队作战的事情,就由我们俩全权负责。毕竟保卫祖国免受外来侵略是我们的义务,想必上帝也不会迁怒于我们。"

哈罗德并没有同意这个计划。他说:"大战在即,我凭什么撤退?我的兄弟和将士们尚在跟敌人短兵相接,我又怎能临阵脱逃!"

战斗前夕,两军的情况有如天壤之别。哈罗德的军营中哀声连连,威廉的军营却士气正旺。人在寒酸落魄的时候大多会选择借酒消愁,哈罗德也不例外,或许只有痛饮才能减轻他的压力,缓解他的焦虑。他和将士们一同享用着美酒佳宴,整个营地一派欢腾,通宵达旦。无论是清醇的啤酒还是香浓的葡萄酒,三杯两盏下去,士兵们有的昏昏欲睡,有的喋喋不休,有的还唱起了歌,跳起了舞。

威廉的领地则是另一番景象。他的大营里有很多神职人员。这天晚上,他们在士兵的协助下,点起篝火,聚在一起做祷告。他们不仅诵读祷词,吟唱圣歌,还举行了其他祷告仪式,之后才安心睡去。至此,威廉的将士们对第二天的战斗充满了信心。在他们看来,牧师们虔诚的祈祷一定会灵验,他们在即将到来的战斗中也一定能得到上帝的庇护。

清晨,威廉要在大营里做的第一件事就是召集所有人举行盛大的仪式。与其说这是一个关于宗教与战争的融合事件,不如说是迷信年代的一种精神寄托——在庄严肃穆的弥撒仪式上,主教身穿教皇服装,里面套着一副盔甲,旁边站着一位随从;主教祷告的时候,手里拿着一把尖锐的长矛,祷告一结束,他便宣布军事行动正式开始。宗教义务一履行完,主教就脱下教皇服装,拿起长矛,骑上战马,带领军队去攻打敌人了。

威廉骑上一匹西班牙产的英俊战马。这匹马的名字叫贝亚德,是一位贵族先前送给威廉的礼物。威廉在脖子上戴了一些圣物,也就是之前哈罗德宣誓时所见到的那种东西。他觉得这些圣物会产生一种魔力,保护他的生命,并让上帝的判决更加公正。旗手是一位年轻有为的士兵,他举着教皇赐予的旗帜,感到无比自豪。然而,一位年长的士兵却强烈建议不要携带旗帜。他说:"作为一名士兵,就应该手持刀剑上阵杀敌,举个旗子站在那算怎么回事!"部署任务的时候,威廉就站在营地中央的高台上,全军队伍尽扫眼底。面对这位有勇有谋的指挥官,士兵们无不心生敬意——他的四肢被钢盔铁甲

第十章 黑斯廷斯战役

包裹着,看起来是那么高大威猛;就连他的战马也显得格外高贵,贝亚德不停地腾跃,好像已经迫不及待陪主人一起征战了。

一切准备就绪,诺曼底军队立即向英格兰军队的防线发起攻击。士兵们满面春风,神采飞扬。只是一天激烈的战斗下来,这种狂喜很快就消失了。短短十个小时,战场上尸横遍野,血流成河——士兵们满怀仇恨和愤怒,犹如野兽一样在战场上互相残杀。战胜者洋洋得意,变本加厉地对敌人痛下杀手;战败者在劫难逃,在痛苦绝望中饱受折磨。夜幕降临,诺曼底人大获全胜。他们占领了哈罗德的军营,在那里耀武扬威,骑马腾跃。所幸哈罗德国王的残余部队逃得及时,拖着精疲力竭的身子往北去了。逃亡途中,部分士兵因为伤势惨重不幸身亡,剩余的人则继续坚持前行。

第二天清晨,威廉召集所有人,并让军官根据征兵时制作的花名册清点人数,以此得知阵亡人数。就在这个悲痛的仪式正要开始的时候,两个神职人员从英格兰军队的遗体中走了过来,说道:"哈罗德国王失踪了,也有人说他已经被杀了。如果真是如此,那他的尸体一定在战场上的某个角落,我们乞求您能允许我们去找到他。"威廉答应了他们的请求。在一些士兵的帮助下,

英格兰军队与威廉的军队展开激战。菲利普·雅克（1740—1812）绘于1804年

侍女发现哈罗德国王的尸体。绘者信息不详

他们开始对战场进行地毯式搜索，他们试图通过衣服和盔甲找出国王。时间一晃而过，死者的面孔大都血肉模糊，残缺不全，很难区分哪一个才是国王。就在所有人都打算放弃的时候，一位哈罗德的侍女发现并认出了国王的尸体。最后，两名神职人员和几名士兵抬走了哈罗德的尸体。

黑斯廷斯战役解决了英格兰王室的争端。尽管哈罗德和埃德加太子的追随者后来都做了各种各样的努力去挽回局面，收复王国，但都无异于炊沙镂冰。威廉抵达伦敦后继续加强自身的力量，并以伦敦城为中心，不断攻占周边的地区。最后，他在威斯敏斯特大教堂举行了盛大的游行。他派人接来玛蒂尔达，并任命她为英格兰王后。他没收了所有与他为敌的英格兰贵族的财产，并把它们分给了同他并肩作战的诺曼底功臣。他曾多次往返于海峡两岸体察民情，收集民意，赢得了广大子民的爱戴。总之，登上英格兰王位后的几年间，威廉成了世界上最伟大、最有权势的统治者之一。那么，作为一国之君，他真的感到幸福了吗？他的幸福又源于哪里呢？是崇高的地位，还是显赫的财富？下一章将一一道来。

第十一章

王太子罗伯特发动叛乱

精彩看点

威廉的长子——罗伯特的性格——威廉和罗伯特发生冲突——威廉·鲁弗斯——威廉的儿子亨利——罗伯特绰号"短靴"——罗伯特有门娃娃亲——威廉的动机——玛格丽特早逝——罗伯特的政治力量——罗伯特想统治诺曼底公国——赖格尔城堡——罗伯特与威廉·鲁弗斯的冲突——罗伯特发动叛乱——玛蒂尔达的焦虑——玛蒂尔达采取措施——威廉的优势——罗伯特输得心服口服——父子相互指责——罗伯特去佛兰德斯——腓力一世的行动——罗伯特浑噩度日——玛蒂尔达暗中帮助罗伯特——玛蒂尔达的小动作被发现——玛蒂尔达的信使被逮——威廉怒斥玛蒂尔达——桑普森险些丧命——事态恶化——玛蒂尔达痛苦不堪——罗伯特刺伤威廉——父子和解

第十一章 王太子罗伯特发动叛乱

大多数雄心勃勃的男人年轻时都把时间和精力耗在了建功立业和政治扩张上，很少顾得上子女的教育，到了晚年，力不从心的他们不得不面临被顶替的惋惜，有的甚至还遭到儿子的过分压榨。这种描述放在威廉身上再合适不过了。当他压制住公敌的时候，他发现无论是在诺曼底公国还是在英格兰王国，他都是那个毫无争议的"王"。然而，一场可怕的家庭纠纷竟摧毁了他的人生幸福，也打破了整个王国的祥和安宁。

罗伯特是威廉的长子。他14岁那年，父亲开始入侵英格兰。当时，玛蒂尔达最喜爱的孩子就是罗伯特，难免会对他娇生惯养。威廉出征前，曾任命玛蒂尔达为诺曼底的摄政王，他不在的时候由摄政王代理国事。同时，罗伯特也获得了一部分摄政权，只是这部分权力有名无实罢了。尽管如此，他还是觉得自己比母亲重要。总之，在威廉远征英格兰的那段日子里，罗伯特也在诺曼底一天天长大了，但却变得越来越专横跋扈，越来越目中无人。

威廉时常往返于英格兰与诺曼底之间，期间跟罗伯特发生了很多冲突。在这些冲突面前，玛蒂尔达始终都站在罗伯特这边。威廉的二儿子威廉·鲁弗斯非常嫉妒哥哥，他经常被哥哥的的傲慢与专横气得怒不可遏。所以，在这个内斗严重的家庭中，威廉·鲁弗斯不得不依靠父亲的势力立足。威廉·鲁弗斯和罗伯特都属于性情粗暴之人，好在他不像哥哥那么肆无忌惮。也就是说，他比哥哥更有自控能力。他很清楚在父亲面前该如何控制自己的情绪，掩饰自己的缺点。

威廉的三儿子名叫亨利。亨利是一个沉心静气的孩子，如果没有威廉·鲁弗斯的诱导，他绝不是那种愿意搬弄是非，出风头的人。他由于跟二哥威廉·鲁弗斯走得较近，所以被大哥罗伯特当成了敌人。事实上，除了玛蒂尔达，所有人都不喜欢罗伯特——或许真的是一个有钱有势的家庭孕育了一头傲慢无礼、目中无人的"魔兽"。跟弟弟们相比，罗伯特的确有很多不足。对于罗伯特的专横性格，威廉并没有横加阻拦，而是经过深思

罗伯特的画像。
绘者信息不详

熟虑之后，利用自己的权威，通过制造一些琐碎的麻烦去嘲讽他，刁难他。其中有一件事情是这样的：罗伯特个头不高，威廉就给他起了个绰号——短靴。那时罗伯特正处于年轻气盛、尚不懂事的年龄，父亲的行为给他的心灵埋下了深深的怨恨，咬牙切齿之余，他在心底悄悄萌生了报复的念头。

除此之外，罗伯特对父亲的其他怨恨也随之递增。根据当时的习俗，罗伯特还很小的时候，父亲就给他指了门娃娃亲，把一个伯爵的女儿许配给了他。这位姑娘名叫玛格丽特。小玛格丽特将继承伯爵封赏的缅因州。缅因州与诺曼底公国的边境接壤，土地肥沃，物产丰富。根据婚约规定，在罗伯特成年之前，玛格丽特的领地由威廉代为管理。只有这样，这桩婚姻才算圆满。实际上，这一巨大的财产极有可能是威廉在这桩婚姻中考虑最多的事情，这可是他多年来梦寐以求的地方啊。

如果这真是威廉的扩张计划，那最终的结果早已超出了他的预想。小玛格丽特没过多久就香消玉殒了，她从父亲那里继承来的所有财产现在都归威廉所有。虽然小玛格丽特已经不在了，但娘家人依然信守诺言，没有要回缅因州的统治权。于是，威廉继续得意地守着这块

第十一章 王太子罗伯特发动叛乱

风水宝地，直到他的儿子，也就是当年的新郎罗伯特成年。罗伯特成年后打算夺回自己的正当权利，跟父亲索要缅因州的统治权。威廉拒绝了罗伯特的要求。他坚称："你幼年时跟小玛格丽特之间的经历不过是一场婚约，根本没有婚姻之实。除非你们都成年了，这份婚约才能生效。"玛格丽特的死让两人的婚约戛然而止，罗伯特尚且不是她名副其实的丈夫，也就不可能获得一位丈夫应有的权利。所以，威廉说道："不管其他人拥有何种权利，这片领土必须由玛格丽特的监护人代为统治，很明显，我才是她的遗产继承人，而你什么也不是。"

看似令人心服口服的回答让罗伯特痛心疾首。在他看来，父亲是在掠夺他的合法财产，这种行为不仅有失公道，而且对他造成了巨大的压迫。对此，玛蒂尔达也坚决同意罗伯特的想法。至于威廉·鲁弗斯和亨利，他们虽然很少关注此事，也不参与其中，但对最终的结果甚是满意。罗伯特得不到他想要的权利，倒是让两个弟弟看尽了笑话。

罗伯特与父亲之间还有一个非常严重的问题。上文已经说过，威廉远征英格兰之前，把公国的大权交给了玛蒂尔达和罗伯特。当时，罗伯特尚且年轻，实权都由玛蒂尔达掌握。但随着年龄的增长，他的影响力和控制力变得越来越大。野心勃勃的罗伯特受到母后的一再纵容，很快就掌握了诺曼底公国的统治权。转眼间，威廉已经离开诺曼底八年了，这时的他不仅在英格兰建立了稳固的政权，而且还打算收回诺曼底公国的最高统治权。当年他离开诺曼底的时候，罗伯特还是个14岁的小男孩，生性粗野，在政治上毫无能力可言。等他再次回来的时候，他发现已经二十多岁的罗伯特比以前更霸道了，而且还坐拥诺曼底公国的最高统治权。他还发现，罗伯特根本不愿意放弃这份大权。

当威廉再次回到诺曼底的时候，罗伯特似乎在所有事情上都不愿听从父亲的想法。他对父亲说："您早就说过，等我成年后就把诺曼底公爵的领地全部交给我，现在不都实现了吗？"他还说道："您现在都是英格兰的国王了，诺曼底公国已经跟您没有任何关系了。"这些话并没有给罗伯特增加任何影响力或实权，也没有给威廉造成严重的损失。于是，威廉把诺曼底公国的统治权交给罗伯特。但在威廉心里，他并不认同儿子的观点。关于诺曼底公爵一职，他并不承认他曾向罗伯特许诺过什么。至于财产继承的问题，他认为，

第十一章 王太子罗伯特发动叛乱

只有等到罗伯特具备那份能力的时候，他才会把权力和财产交给他。无论如何，他都不可能听之任之。就像他说的那样，"睡觉前总得先把衣服脱下来吧"，言外之意是说，这个世界上没有一步登天的事情，只有循序渐进才能行得远，坐得稳。

分歧带来的愤怒和敌意犹如滚雪球般，越来越大，越来越难收场。尽管这些都属于私人恩怨，但还是不同程度地影响了王室的稳定。最终，这场家庭内部争端引发了一场公开的叛乱。具体情况如下所述：

威廉国王在诺曼底的赖格尔有一座城堡。1076年，他和家人在那里住了一段时间。有一天，威廉·鲁弗斯和亨利在城堡的高层公寓里跟一群年轻人一起玩骰子，场面好不热闹。公寓阳台上有一扇窗户，从那里正好可以俯瞰整个城堡的庭院。此时，罗伯特正和他的几个同伴在庭院里走着，金刚怒目的样子着实令人厌恶。恰好这一幕被阳台上的威廉·鲁弗斯看到了，威廉·鲁弗斯也许是想灭灭他的气焰，于是就向他泼了些水。这一行为彻底激怒了罗伯特，他非要把威廉·鲁弗斯生吞活剥了不可。他拔出剑，朝楼梯跑去，嘴里还咬牙切齿地诅咒着："你是我弟弟又如何，今天就是你的死期！"一时间，庭院里大呼小叫，一片哗然，人们不约而同地冲向威廉·鲁弗斯泼水的那间屋子，有的是为了看笑话，有的则是为了阻止这场冲突。

事发当时，威廉就在城堡里面。他急忙赶了过去，给儿子们调解了这件事，防止了兄弟间的自相残杀。事实上，他发现要拉开这些凶猛的好斗者并不是件易事。如果不是他作为父亲威严可畏的话，单凭一些兵力根本阻止不了这场冲突。好在他终于把两个儿子分开了，罗伯特气得脸色发白，不堪言状，被人带走了。

罗伯特认为父亲在这次冲突中偏袒了威廉·鲁弗斯，他无论如何都咽不下这口气。于是，他立即怀着愤愤不平的心情去找母亲讨个说法。玛蒂尔达竭力抚慰他受伤的灵魂，但他还是平静不下来。接下来的整个下午和晚上，他一直在紧锣密鼓地筹备人员，他在宫廷的贵族中召集了一群年轻的勇士，准备公然反抗他的父亲，采取武力手段占领诺曼底。他们行事隐秘，准备当天晚上就离开赖格尔，去占领都城鲁昂，他们希望这将是一场举世瞩目的壮举。等到夜半时分，他们偷偷骑上马朝鲁昂飞奔。第二天清晨，国王发现他们离开了，于是急忙派出一支武装部队前去追他们。突袭鲁昂的计划以失败告终。国王派出的部队很快就赶上了他们，一场激烈的打斗之后，一些叛军被成功俘获，而罗伯特则在扈从的保

威廉·鲁弗斯的雕像。位于英国坎特伯雷大教堂

护下逃到了边境附近的一个行省,并寻求他父亲的一位敌人的庇护。

不出所料,这个结果着实令玛蒂尔达焦虑不安,痛苦不堪。现在,她丈夫和儿子之间的内战已经避免不了了。于情于理,她都应该支持丈夫的事业,但母爱的力量总是那么强大,她无论如何也说服不了自己将儿子拒于千里之外。不满和绝望的情绪充斥着罗伯特的整个大脑。一直以来,他父亲总是给他制造各种各样的麻烦。玛蒂尔达虽然表面上非常支持丈夫的事业,但在背地里仍然跟罗伯特保持着密切的联系。她不仅给罗伯特提供情报,出谋划策,还给他提供一些物资,所以,严格意义上讲,她已经成了一位重刑犯——叛国者的主要帮凶。但如果从道德的角度来看,她的行为倒变得情有可原。不管怎么说,玛蒂尔达终究是她丈夫和儿子之间的润滑剂,在她的周旋下,这场斗争的激烈程度大大减弱了。

事实证明,在这场内战中,胜利只会站在威廉这边。因为他拥有王国的所有资源——军队、城镇、堡垒和珍宝。而罗伯特有的只是一群不知天高地厚的狐朋狗友,他没有实权,没有金钱,更没有一颗仁义之心。渐渐地,罗伯特开始对这次失败心服口服。随着双方敌对行动

第十一章 王太子罗伯特发动叛乱

的减少，玛蒂尔达在缓和双方关系时也变得越来越公开了。最后，为了和平解决争端，她成功诱使罗伯特放下武器，跟父亲进行谈判。

庆幸的是，这次谈判非常顺利，双方很快就表现出了真诚的和解意愿。虽然这对父子都厌倦了彼此之间不近人情的斗争，但两人的野心和自私从始至终都没有变过，或许这才是这场叛乱的根本原因。在谈判会议上，罗伯特专横地要求父亲履行诺言，把诺曼底公国交给他。父亲以恶劣的反叛之名责备了他，并以押沙龙[①]的事例警告他小心招致杀身之祸，给自己造成可怜而又可恨的惨剧。罗伯特反驳道："我来可不是听你说教的！我很小的时候就明白这些事理了。"罗伯特希望父亲能说重点，而不是讲一大堆道理。威廉斩钉截铁地告诉罗伯特："我是永远都不可能把领土分割给任何人的；虽然你对我的说道很不耐烦，但我还是要告诉你，一所被劈开的房子是永远都不可能站住脚的！"然后，他又开始指责罗伯特："作为我的儿子，我不求你能滴水之恩当涌泉相报，可你也不该做出忘恩负义之

[①] 押沙龙，圣经中的名人，貌若潘安却刚愎自用，因发动叛乱反抗父亲大卫，被堂兄杀死。——译者注

事。作为一国太子,你不拥护我也就罢了,竟然还反过来发动叛乱。你全然不顾父子之亲、君臣之义,还叫我如何取信于你,重托于你?一个儿子竟然跟自己的父亲反目成仇,刀剑相逼,是可忍孰不可忍!"

威廉强硬的态度和愤怒的指责不仅没有唤起罗伯特的悔悟之心,反而加深了他的怨恨之感。正如他父亲描述的那样,他心里的怨恨只增不减。终于,他实在忍不住了,他气冲冲地离开了他的父亲,终止了这次谈判。

尽管母后一再劝说,但他还是不顾一切地离开了诺曼底公国。在他看来,他宁愿流浪异国他乡,也不想继续待在父亲的宫廷里遭受不公平的待遇,与其说他们是为他着想,不如说是给了他最残忍的束缚。尽管母后百般挽留,但他还是去意已决。于是,他带着几个弟兄一路向北,越过边境线,去佛兰德斯寻求庇护了。佛兰德斯是玛蒂尔达的故乡。现在的佛兰德斯伯爵是她的哥哥。伯爵非常热诚地接待了年轻的罗伯特,一来是因为这是他的亲外甥,二来也是因为他对强大的威廉国王怀有恨意。

就罗伯特个人而言,他根本没有足够的资源与父亲抗衡,也想不出更好的办法公然向父亲挑起战争,但他

一幅雕版画,佛兰德斯伯爵

立志从哪里倒下去就要从哪里站起来。于是，为了给自己创造胜利的可能，他开始与那些支持他的诺曼底贵族秘密通信，拉拢人心。他成功诱使他们为他贡献财力。当然，天下没有免费的午餐，他得向他们承诺，一旦夺回诺曼底公国的统治权，就会用丰厚的奖励回报他们。在此期间，他一直跟母后玛蒂尔达保持着密切的联系，也得到了母后的很多实质性帮助，只是这对母子从来都不敢让威廉知道他们的所作所为。

  罗伯特不仅在诺曼底有一群暗中帮助他的朋友，还在其他地方有一些支持者。英格兰王室出现内部争端，最开心的人就是法兰克国王了。征服英格兰之前，威廉尚且是法兰克国王的附庸，而现在，威廉却成了法兰克国王在这个世界上最大的竞争对手。因此，无论是任何有损威廉名誉的事情，还是削弱威廉权力的行为，法兰克国王腓力一世都非常上心。于是，他命令法兰克王国驻诺曼底和佛兰德斯的代理长官故意放出不同的政治声音。他行事谨慎，虽然表面上没有半点援助罗伯特的意思，但背地里却想方设法诱使罗伯特落入他设好的圈套。尽管罗伯特这边的局势一片大好，但他仍然没有制定出发动叛乱的周密计划。不得不承认，罗伯特涉世未深，心智尚不成熟，想要发动一场真正的叛乱，他的确还欠

第十一章　王太子罗伯特发动叛乱

些火候。几个月过去了，罗伯特仍然没有制定出行之有效的方案，诺曼底的朋友们逐渐对他失去了信心。于是，他们终止了对罗伯特的援助，也渐渐忘记了这位昏庸无能的"领导"。现在，失去支持的罗伯特只是一具整日混迹于各大宴会的"行尸走肉"，周围的男男女女看着他醉生梦死的样子不仅没有挽救的意思，反而任其自暴自弃。他整日荒淫无度，或许已经忘了还有一个忠实的"朋友"从始至终都在默默支持着他，那就是他的母亲。

玛蒂尔达深知，他为罗伯特所做的一切都不能公之于众，这就要求她必须有过人的计谋。威廉因公务缠身不得不到英格兰待一段时间，这恰好为留在诺曼底的玛蒂尔达创造了绝佳的时机，她趁丈夫不在家的这段时间，暗中寻得了很多心腹的帮助。威廉离开诺曼底时留下了一位政务大臣，由他负责处理日常事务，不过玛蒂尔达觉得，要想避开他的耳目并不难。于是，她把她的一大笔私房钱寄给了佛兰德斯的罗伯特，而自己则只留下很少的一部分。然而，他给罗伯特送的东西越多，罗伯特对新鲜事物的欲望就越强烈，他变得越来越专横，越来越自私。贪得无厌的罗伯特就像一个无底洞，即使母亲的资源再多也填补不了他的需求。罗伯特挥霍了母后的所有金钱，以至于玛蒂尔达不得不变卖她的珠宝首饰和名贵的衣服。最后，实在无计可施，玛蒂尔达还偷偷变卖了她跟丈夫的共同财产。政务大臣恪尽职守，明察秋毫，他很快就发现了一些端倪。于是，他暗中观察着王后的一举一动，终于发现了事情的真相。事不宜迟，他急忙派人向威廉报告此事。威廉一开始并不相信政务大臣的推测。对于威廉来说，他不过是一个只会带兵打仗、治理国家的政治伟人，他完全想象不到母爱的力量会大到让一个人失去理智，甚至抛弃原则。

虽然事情令人难以相信，但威廉还是决定采取行之有效的措施去查明真相。他赶回诺曼底后，成功拦截了玛蒂尔达的一个信使，信使名叫桑普森。当时，桑普森正在赶往佛兰德斯的途中，他不仅为罗伯特带去了有价值的情报，还为他带去了大量钱财。威廉当场截获了赃物，并把桑普森关进了城堡的地牢里。然后，他带着所有的罪证去找玛蒂尔达，他恶狠狠地责骂了她。直到此刻，他还是难以相信自己的妻子竟然会做出此等背叛他的恶行，实在是死不足惜。

威廉严厉地责备了玛蒂尔达，他的语气里不仅包含着愤怒，还隐藏着阵阵失望。"我敢摸着自己的良心告

第十一章 王太子罗伯特发动叛乱

诉你,"威廉说道,"一直以来,我都对你矢志不渝,我真的不知道你还能做出什么过分的事情。我对你的爱坚若磐石,平日里更是与你相敬如宾。我把你放在最高的位置上,把所有的信任都给了你。在你面前,我从无半点隐瞒。可你呢,你又是怎么对我的?你从我这里获得了至高无上的地位和用之不竭的金银财宝,却反过来狠狠地背叛了我,做出助纣为虐之事!"

面对丈夫的指责,玛蒂尔达没有做任何辩驳,她只是一味地恳求丈夫能放过她的儿子,或许这就是母爱的力量吧。她哀求道:"我不能眼看着罗伯特陷入无尽的痛苦,作为母亲,我得帮他,他可是我的命根子啊。我爱他,甚至超过了爱自己。如果你真的打算杀了自己的亲儿子,那你还是杀了我吧,我宁愿用我的死换他一命。他现在无家可归,穷困潦倒,我怎么能继续在这里享受荣华富贵呢?我再也不想顾什么大是大非了,我只知道他是我们的儿子,我不能就这么抛下他!"

威廉完全无法理解玛蒂尔达的心情,他心里又怨又恨,转身离开了她。可他除了责备她几句还能怎样呢,毕竟那可是他的妻子啊。无奈之下,他只能迁怒于桑普森。于是,他命人挖去了他的双眼。就在这时,玛蒂尔达得知了桑普森的遭遇。她想方设法帮助桑普森逃到了她名下的一座修道院。当时，修道院在人们心里如同圣地，即使是最高统治者，也不敢轻易闯进去追捕逃犯。为了万无一失，主教建议桑普森加入他们成为一名神职人员。此时的桑普森被挖去了双眼，生命危在旦夕，只要能救回一条命，他怎么做都愿意。于是，他剃掉了头发，换上了修道士的装束。他郑重其事地做了入教宣誓，然后跟教友们一起禁食，一起祷告，开始了安分守己的新生活。事已至此，威廉也不好再追究什么了，或许有时候得饶人处且饶人更是一种智慧。

玛蒂尔达对儿子的宠溺和帮助不仅没有挽回局面，反而让事情变得越来越糟糕。在她的暗中操控下，一个拥护罗伯特的团体在诺曼底逐渐形成燎原之势。最后，他们终于组成了一支规模可观的军队，罗伯特率领军队直逼鲁昂。威廉对此早有警觉，他随即集结军队，前去迎击这个逆子。威廉·鲁弗斯陪父亲一同前往，打算一展身手。而玛蒂尔达则仍然留在城堡里，恐惧和烦闷扰得她心神恍惚——丈夫和儿子即将兵戎相见，最难过的人莫过于她。一想到其中一个会被另一个杀死，她就浑身发抖，泣不成声。

果不其然，玛蒂尔达害怕的事情很快就发生了。先前在赖格尔城堡里，罗伯特差点亲手杀死了他的弟弟，

第十一章 王太子罗伯特发动叛乱

如今在尔什布莱昂平原上的这场战斗中,他又险些杀死他的父亲。战场上,刀光剑影,人仰马翻,大家都穿着盔甲,谁也认不出对方是谁。就在这时,罗伯特遇到了一个强劲的骑士,情急之下他把长矛透过盔甲插进了这位骑士的臂弯。一番搏斗之后,这位骑士疼痛难忍倒在了地上,不停叫喊着,罗伯特这才发现原来倒在地上的正是他的父亲。与此同时,受伤的威廉也认出了打败他的正是他的儿子。他开始用尽各种尖酸刻薄的话诅咒这个逆子。罗伯特一时间傻了眼,他为自己所做的事情感到震惊和害怕。他立刻跳下马,跪在父亲身旁,向周围的人请求援助。伤口的疼痛和内心的怨恨相互交织,威廉气急败坏,拒绝了儿子的任何帮助。

除了被刺伤和摔下马的遭遇之外,战争本身也对威廉产生了不利的影响。罗伯特的军队猛如虎狼,威廉·鲁弗斯和他的父亲都受了重伤。玛蒂尔达饱受精神之痛,连呼吸都变得困难了。她再也无法忍受这场可怕的斗争继续蔓延下去。她饱含泪珠,诚恳地乞求丈夫尽快解决这件祸事。她晚上彻夜失眠,白天以泪洗面,很快就变得面黄肌瘦,憔悴不堪。很明显,玛蒂尔达如果再这样痛苦下去,只会离死神越来越近。

终于,在玛蒂尔达苦口婆心的劝说下,国王低头了。

一幅雕版画，手握战剑的罗伯特。创作于十三世纪

罗伯特军中的一名长矛兵。出自一本军事书籍中的插图

他派人去跟罗伯特谈判和解。于是，双方解散了军队，恢复了和平，罗伯特和威廉也得以重归于好。不久之后，威廉在英格兰北部打了一场胜仗，罗伯特就是其中一位将领。

《末日审判书》

精彩看点

威廉统治英格兰——英格兰人发动叛乱——英格兰人和诺曼人的融合——诺曼底军队进入英格兰——英格兰诺曼化的领域——战争遗址——英格兰人对诺曼征服的看法——《末日审判书》——《末日审判书》的样本和译本——玛蒂尔达身体欠安——玛蒂尔达之女离世——玛蒂尔达在卡昂的宫殿——玛蒂尔达内心无比痛苦——玛蒂尔达回忆往事——玛蒂尔达临终祷告——威廉年事已高——腓力一世嘲讽威廉——威廉怒不可遏——芒特镇的大火——威廉遇难——威廉懊悔不已——威廉的遗言——无人料理威廉的后事——威廉的遗体被送回卡昂——离奇的一幕——送葬队伍被大火耽误——葬礼现场——石棺太小导致遗体破裂——威廉·鲁弗斯获得英格兰王位

第十二章 《末日审判书》

从 1066 年黑斯廷斯战役到 1087 年威廉驾崩,二十年的时间一晃而过。伟大的英格兰王国在风雨中前行,威廉也成了这个时期最伟大的统治者。他把许多诺曼底人带到了英格兰,并授予他们与英格兰人同等的公民权利。为了强化自己的统治地位,他积极采取了武力治国方略。在他看来,成为英格兰国王并非发动入侵的结果,而是履行了正当的继承权;他始终相信,英格兰的子民肯定会认可他的权利,拥护他的主张。事实也确实如此。在大多数英格兰人看来,威廉的治国能力远强于已经被废黜的哈罗德。然而,威廉出生在外国(英格兰之外的诺曼底),接受外国教育,说外国话,就连支持他的朋友和追随者都是外国人。确切地说,几乎整个军队都是外国人,威廉想稳固政权,主要还得靠他们。他们的着装与英格兰人格格不入，他们的语言也与英格兰人全然不同。面对此情此景，大部分英格兰人不由得产生了一种外人当权的感觉。于是，争取解放的英格兰人与威廉国王之间的嫌隙越来越大，最终引发了一系列的暴力斗争和流血事件。尽管威廉每次都能有效地镇压这些叛乱，但麻烦总是一波未平一波又起，这场"持久战"让他和他的军队几乎永无宁日。

尽管如此，威廉并没有一味地鼓吹战争。他很清楚，无论是他还是他的继承人，他们只有巩固好王国的行政和司法权，才能在英格兰实现长期稳固的最高统治；只有大力发展基础设施，休养生息，才能实现王国长治久安。于是，他把这份统治理念付诸现实，并为其倾注了大量的时间和精力。这个过程成就了一位富有远见的韬略雄才。

事实上，这是一项异常艰巨的双重使命——他不仅要合并两个国家，还要实现两种语言的融合。正所谓时势造英雄，解决这两大问题成了他义不容辞的责任。当威廉在鲁昂的训练场上得知哈罗德登基一事后，他一度想孤身一人，或者只带很少的诺曼人前往英格兰，因为他觉得英格兰肯定会有一个支持他的党派扶他登基，但后来的实际结果并非如此——他在英格兰遭到了

第十二章 《末日审判书》

巨大的困难,还险些没有克服过去,因为英格兰没有他预想的那个党派。加之许多证据表明他并没有足够的兵力,又怎么可能自信满满呢?于是,他意识到,要想继承英格兰王位,他必须依靠从诺曼底带来的兵力。只有军队的力量势不可挡,他才会越来越有信心。所以,如果大量的的诺曼人前往英格兰是为了扶他登上英格兰王位,那这些人就理应得到相应的回报和奖赏。但要想满足这些诺曼人对荣誉和财富的诉求,就不得不削弱一部分英格兰人的权益,因为仅凭威廉在诺曼底的财产还远不能酬报这些人。此外,很明显的是,如果这些诺曼人不仅能在英格兰获得崇高的社会地位,还能在英格兰各地的民事处或行政部门任职,那他们形成的新阶级将很可能遭到英格兰人的嫉妒甚至戒备。英格兰人除了竭尽全力稳固自己的原有政权,已经找不到其他办法消除这种危机感了。总之,威廉清楚地意识到,如果当初没有把诺曼人带到英格兰,也就不会产生现在的阶级矛盾。但要想扩大他的队伍,增强他的实力,就必须有这些诺曼人在背后支持。在这种情况下,国家的长远发展才是重中之重。事实证明,威廉的确做到了。他彻底解决了整个英格兰王国的诺曼化问题。他完成了这项伟大而艰巨的事业——从他继位以来,无

征服者威廉

论是管理制度和宗族血统，还是司法和行政事务处理办法，抑或日常语言，伟大的英格兰王国都被印上了不可磨灭的诺曼特征，直到今天。

在我们自己的土地上，即使是最偏远的地方，也依然能发现那些早期的战争遗址以及从那里流传下来的英勇事迹，它们像幽深海湾中的阵阵涟漪在海岸边轻柔地晕开。而当我们回到历史的原点放眼望去，在遥远的海面上，战士们或许正经历着狂风暴雨的侵袭和惊涛骇浪的打击。一想到这里，我们对历史的敬畏之感便油然而生。比如说，在美洲森林，任何一个偏远地区新建立的国家，其王室用卑宫菲食来形容再合适不过了，要是我们到了朝堂之上，我们就会发现一个相貌平平的男人召集了一群官员（这群官员跟他一样貌不惊人），他握着唯一能象征地位的指挥棒敲击着地板，并不停呼喊着令人难以理解又毫无意义的"哦，是啊！嗯，是的！嗯，是的！"在他看来，他不会遵从征服者威廉八百年前颁布的关于语言融合的法令，因为真正有资格在英格兰王室中使用的只能是他的母语。改革之势锐不可当，外来语言已经逐渐取代了当地的方言，但从目前的所有习惯法来看，实质上是两种语言的融合。

实现诺曼底和英格兰的地域性统一，实现两国语言

第十二章 《末日审判书》

的融合，都不是一朝一夕能够完成的大业，至少需要一个世纪才能看出成效。而当这一切终于完成了，英格兰人又多少有点困惑，他们不知道该为威廉征服英格兰的壮举感到骄傲，还是为自己的变化感到羞耻。时至今日，他们已经成了诺曼人的后裔，远征英格兰是他们祖先也就是诺曼人的光荣事迹之一。但如果从他们的英格兰血统来看，他们又似乎应该为祖辈的失败感到悲哀。很明显，谁也无法摆脱这种困惑，这让一代又一代英格兰人感到局促不安。这样一来，诺曼征服在英国历史上的地位也变得模棱两可，难以界定。即使是现在，许多现代作家依然很难说清这到底是他们祖先遭受的屈辱，还是他们这些后世子孙获得的荣耀。

事实上，威廉统治英格兰时，采取的重要举措之一就是进行了全国性、大规模的人口普查和登记造册。他命人对全国所有的实际个人财产进行完整的记录和说明，这一举措举世闻名，对现代社会产生了深远的影响。上述大规模的国家调查于 1078 年成功实施。调查结果被记录在两卷规格不同的书中，被统称为《末日审判书》。《末日审判书》保留至今，书中涉及了许多关于古代财产权利的问题，具有很高的权威性。《末日审判书》其中一卷为对开本，另一卷为四开本。这些记录被写在很薄的皮纸上,并有删减的痕迹,对于一般读者而言,他们很难理解其中的意思。《末日审判书》是用拉丁语写的,而一位现代拉丁学者始终未能找到完全破解它的方法。尽管如此,作品的整体风格和安排都近乎完美,不仅书写精细,而且语言优雅。从学术研究方面来说,《末日审判书》完全居于玛蒂尔达王后的巴约挂毯之上。约半个世纪前,《末日审判书》的副本被印刷出来,副本完全保留了书中的原始字符,但读者根本无法理解书中字符的含义。直到学者花费大量的时间和精力为其加上索引,《末日审判书》批注版才得以面世。

正如任何普通印刷机构允许真实可靠的编译本面世那样,我们可以从下面的例文中发现一些该著作批注版的特点和风格:

> 布里克斯坦百户邑:
>
> 国王拥有百慕大士镇。赫勒尔德伯爵拥有该镇(这是之前的事情了)。当时,百慕大士镇名列王国狩猎场第十三,现在已经名列第十二。百慕大士镇每季的耕地要8头牛才能犁完(这里形容耕地面积之大)。仅一块私有地就需要25个佃农、33个隶农和一头牛。百慕

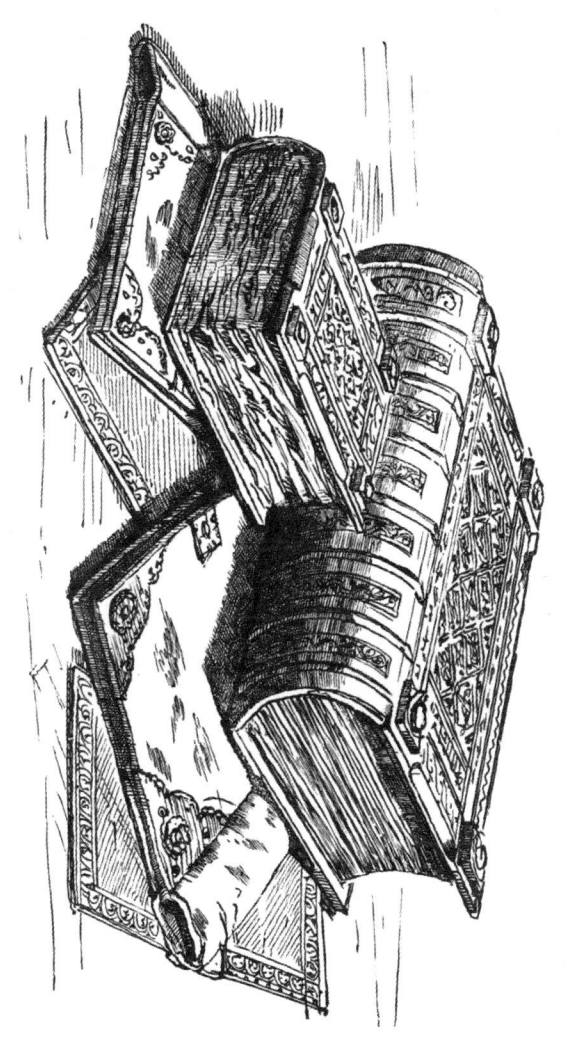

《末日审判书》

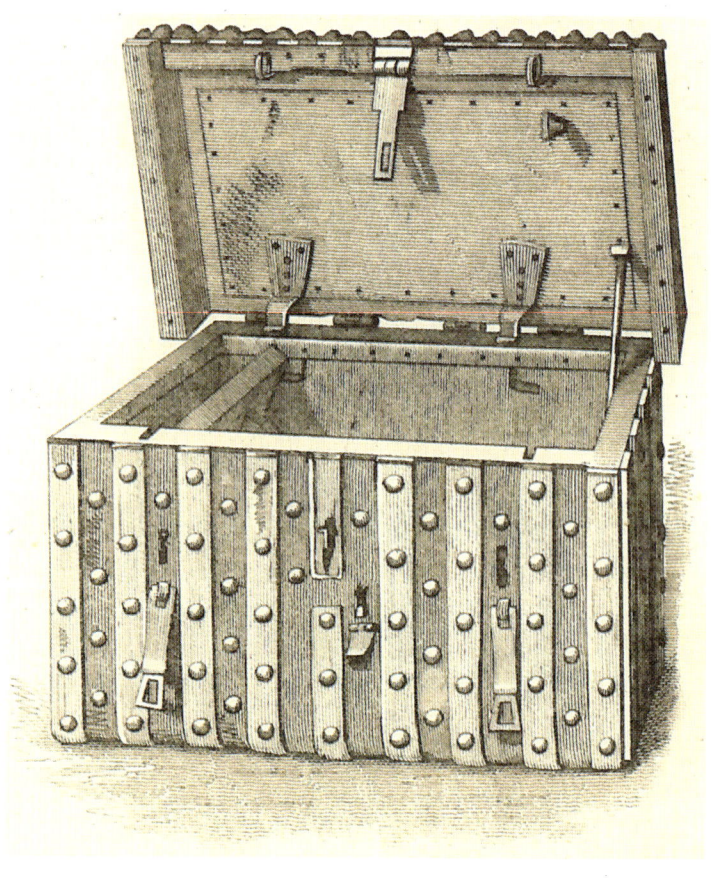

保存《末日审判书》的木箱

第十二章 《末日审判书》

大士镇还有一座格外漂亮的新教堂，教堂有 20 英亩草地和一大块林地（用来放养 5 头猪）。

言归正传，我们继续把故事讲完。约 1082 年，玛蒂尔达王后的健康开始急剧衰退。国事缠身令她疲倦不堪，家庭处境也让她焦虑不安：这些忧虑都让她的精神日渐萎靡，近乎崩溃。如果这些还不是影响她精神的所有原因，那就很可能是她的身体的确得病了。当时，她还在诺曼底。她之所以那么痛苦，一个主要原因就是她那孱弱无力的女儿，她为之茶饭不思，心神难安。为了女儿能康复，她不顾个人安危前往一个修道院朝拜。她满怀希望，以为能挽回她女儿的健康。修道院里有一个圣徒的神龛，她往神龛里放了一件很贵重的供品；她含着痛苦的泪水诚挚地祈祷，甚至乞求圣徒向上帝说情，她看起来是那么谦卑而坚定。不仅如此，她还放低自己的身段，像一位卑微的平民那样投身于修道院宗教服务，并严格遵守教规。然而，所有的努力都是徒劳之举。爱女的身体每况愈下，直到最后离开人世。痛失亲人的玛蒂尔达悲伤欲绝，气若游丝，整日把自己关在卡昂的宫殿里。

卡昂的宫殿是玛蒂尔达和威廉结婚时，威廉在他的修道院里建的。回顾往事，深深的幸福和无限的荣耀爬上了玛蒂尔达的眉梢，但她内心的悲伤却迟迟散不去。现在，她获得的荣耀比她想象中要大十倍，但她一点儿也不幸福。她为自己的野心奋斗了二十年，到头来摆在眼前的却是这样一个支离破碎的家庭。她也曾满怀抱负，但跟野心相比，母爱的力量更能在她内心激起千层浪。然而，那份志向正以各种形式摧毁着她心中的爱。当她丈夫和儿子开始新一轮斗争时，玛蒂尔达痛苦至极。而那，恰恰是她生命的最后几天。

为了寻求平静和安慰，玛蒂尔达给自己增加了更多的宗教服务和宗教仪式。她禁食，祈祷上帝宽恕她的罪过，不觉间已泪眼婆娑。正如她想的那样，修道士们在她床边主持弥撒，祈祷她早日从罪恶中获得重生。当时，威廉还在诺曼底，他一得知妻子的孤独和不幸，就急忙赶回去看她。幸亏他及时赶到，见到了玛蒂尔达生前的最后一面。

人们把玛蒂尔达王后的遗体从卡昂修道院送到她自己建的修道院。人们为她举行了隆重的葬礼，并把她的遗体埋葬在坟墓里。几个世纪后，她生前留下的许多画作、绣品和一些神圣的礼物及其他实物记载都被时间的手渐渐抹去了许多。所幸，它们并没有完全消失，到当

第十二章　《末日审判书》

地参观的游客发现,许多关于玛蒂尔达的纪念碑虽饱经岁月的风霜仍静静地站在那里,一些关于玛蒂尔达的传说虽年代久远犹扣人心弦。

妻子死后没几年,威廉也离世了。威廉本就比玛蒂尔达年长好几岁,这样一来也算是高寿了。威廉年轻时非常魁梧,如今年事已高,他的身体变得肥胖起来,行动也十分笨拙。然而,身体习性给他造成的不便并不是他唯一的不幸。因为,肥胖严重影响了他的健康,甚至随时会引发致命的疾病,夺走他的生命。尽管年迈的他由于身体缺陷变得非常无助,但他还是一如既往的精神饱满。然而,他的青春已经远去,雄心已经老去,进取心已经荡然无存,只有病痛在不断折磨他。威廉的健康问题是真实的,不是虚构的。他不断受到疾病的威胁。在他死前一年,他和罗伯特之间再次生出矛盾,行动不便的他不得不率领军队到诺曼底去镇压罗伯特和他的军队发起的叛乱。

当时,罗伯特得到了法兰克国王腓力一世的帮助。一直以来,腓力一世都很嫉妒威廉,并把他当成不可饶恕的敌人。当年威廉入侵英格兰时曾向他求助,他拒绝了威廉的求助,而威廉却凭着自己的能力实现了远征大业,获得了成功。此举彻底激怒了他,他打心眼里嫉妒威廉，并时刻准备着借机反对威廉。当时年轻气盛的腓力一世现在已人到中年，事业也正处于鼎盛时期。现在，罗伯特发动暴乱，他不仅暗中支持他，还嘲笑年迈的威廉国王软弱无助。

在诺曼底的那些时日，为了减轻肥胖带来的生命危险，缓解不良的情绪，威廉做了一个疗程的药物治疗。这样一来，落在医生手里的威廉理所应当地被关在了室内。腓力一世嘲笑威廉"在坐月子"。一个从诺曼底来的人出现在法兰克王宫里时，腓力一世问这人："那个英格兰的老妇人还在坐月子吗？"就好比现在社会中的一些人喜欢引用这个朋友的话去激怒另一个朋友一样，一些搬弄是非的小人把腓力一世的话重复给威廉听。威廉身体抱恙，本就非常虚弱，现在又得知腓力一世这般嘲讽他，哪还压得住火啊。他发誓说，"上帝的生命和复活"，这意味着，为纪念他"分娩"，当他"出月"的时候，他会在腓力一世的领土上燃起熊熊大火，因为他觉得法兰克王国已经容不下腓力一世了。

威廉说到做到，果真在法兰克王国放了把大火。然而，奇怪的报复手段并没有让腓力一世的王国陷入火海，当初复活生命的火焰如今却终结了生命。这位伟大的征服者留给世界的最后一幕如下所述：

第十二章 《末日审判书》

　　威廉的恐吓令腓力一世深感不安，如果继续待在法兰克王国岂不是会被活活烧死！身体刚恢复到可以上马骑行，威廉就立刻率领一支远征队，越过诺曼底的边界，直捣法兰克腹地。一路上，他们烧毁建筑，杀戮生命，整个法兰克王国深陷混乱。威廉很快来到了塞纳河上的芒特镇，并从这里直捣巴黎。威廉的士兵们用非常恶劣的手段袭击了芒特镇，遭人蹂躏的芒特镇犹如熊熊燃烧的火海。威廉跟在士兵们后面，大摇大摆地穿过城门，他为这次复仇行动感到欣喜不已。被烧毁的房屋的木材散落在街道上，静静地燃烧着，只留下一层依然滚烫的余烬。胜利的喜悦令威廉激动万分，他骑行在他亲手打造的这一幕场景中，是那么得意忘形。他一边走着，一边疯狂地喊叫着发号施令。就在这时，他的马突然在燃烧的余烬中猛地打了个趔趄，他这才看到地上被灰烬掩盖的尸骨。面对此情此景，他难免心有余悸。笨拙的威廉从马鞍上重重地摔了下来。从马鞍上摔下来之后，他及时采取了自救，但同时他也发现自己受了严重的内伤。面对突如其来的变化，他不得不下马，从他导演的那场复仇剧里走向庄严的死亡之室。士兵们为他做了一个担架，并由一群强壮的士兵负责把膀大腰圆的他抬回诺曼底公国。

征服者威廉

不幸的威廉被士兵们带到鲁昂。最能干的内科医生被传唤到他床边。医生检查了他的身体状况后,得出了一个结论——这位伟大的征服者已经难逃一死。噩耗让威廉陷入了极度的焦虑和恐惧中。他开始回忆他曾经的自私行为和残酷手段,他说道,他这一生都充满了悔恨。一直以来,他都所向无敌,战无不胜,但现在,他跟普通的凡人没有任何差异,临死之际,他也得在上帝面前受审、赎罪。他已经习惯了居高临下的生活,他认为自己凌驾于一切法律和权力之上,甚至超越了所有司法问题的影响范围。现在,他大限已至。先前都是他经常令别人感到战栗不安,现在也轮到他感受这种恐惧了,而这种剧烈的恐惧和悲痛也只有最勇敢无畏和最目空一切的"罪犯"才深有体会。他哀声连连,请求上帝宽恕,并带着周围的修道士不停地祷告。他把手头所有的钱财都捐给了穷人。他还命人把他在芒特镇烧毁的教堂和房屋都重建起来,并安抚那些因他遭遇灾祸的子民。总之,为了平息上帝的怒气,他竭尽全力尝试了当时被认为最有效的补救方法。

威廉有三个儿子,他临死时只有罗伯特不在他身旁。罗伯特和父亲之间的隔阂变得越来越大,以至于即使是父亲弥留之际,他也不会来看他一眼。威廉·鲁弗斯和亨利一直都陪在父亲身旁，但他们这么做并非出于孝顺，而是想让父亲在立遗言时能惦记着他们。遗嘱虽然是口头表达的，但仍然有效。最后，威廉国王临终前对王位继承权做出了确切的指示，因为他认为他当初继承英格兰王位已然遭到了上帝的质疑，他的继承人不能再重蹈覆辙了。当初，他曾向罗伯特承诺，他死后，由罗伯特继承他的遗产。尽管罗伯特经常跟父亲唱反调，但威廉一诺千金，还是证实了长子罗伯特的继承权。"我已经向他承诺过，"他说，"我仍然会信守承诺；尽管我深切地明白这份遗嘱将会让诺曼底公国产生动荡。毕竟他那样一个傲慢而愚蠢的无赖想要真正成功比登天还难。至于我的英格兰王国，"他继续道，"我不会把它遗赠给任何人，因为他从来都不曾属于我。我当年用武力征服了这个国家，而且付出了鲜血的代价。现在，我把它交给上帝。当然，我还是希望我的儿子威廉·鲁弗斯能成为它的主人，因为他在所有的事情上都很支持我。"就在这时，亨利迫切地问道："父王，那我呢？您要留给我什么呢？"威廉国王回答道："我会从我金库里拿出五千英镑留给你。""可是，如果您不给我房子和土地，我该怎么办呢？"亨利问威廉。"我的儿啊，你要静下来，"威廉国王再次回答，"你要信靠上帝。你的兄弟走在你前面，愿你能赶上他们。"

威廉·鲁弗斯和亨利留在父王身旁的目的已经达成，他们便离去了。亨利去拿他的钱；威廉·鲁弗斯则即刻动身前往英格兰，只要威廉不再前来，他就准备随时登上英格兰王位。

威廉国王决定从鲁昂的城堡搬到一个离城不远的修道院。因为他觉得城市的喧嚣打扰了他，并且死在这个神圣的地方可能会让他更有安全感。于是，他被送到了修道院。那是九月十日的清晨，他在修道院听到城里的钟声响起，就醒了过来。他问旁人那钟声是什么意思。这才知道，那是圣玛丽教堂的晨祷钟声。他举起手，望着天空，说道："我向我的圣母玛利亚表示敬意……"话音未落，他就几乎要断气了。

读者在阅读历史故事时经常会因为一些突发状况感到惊讶不已。通常，一位伟大的国王临死时，他的侍从们依然会对他照料入微；驾崩之后，他的后事更是容不下一丝怠慢。然而，威廉国王是个例外，从他停止呼吸的那一刻起，他就被彻底抛弃了。每个人都恨不得赶快从他身边逃离，房间里有什么侍从们就带走什么——武器、家具、衣服、盘子。威廉一不在，所有物品都成了这些人的额外津贴。有一种令人难以置信的说法是这样

第十二章 《末日审判书》

的：一些人甚至丧失了人性，他们为了确保所有利益，不惜扒下国王遗体上的衣物，从中获得更丰厚的"战利品"。不幸的国王就这么被他们裸露在冰凉的石地板上。国王的遗体就这么被冷落了好几个小时。伟大国王驾崩的消息很快成为街谈巷议，有人为之痛心疾首，也有人为之拍手称快。没有人知道这次事件将会带来哪些变化，臣子之间会发生什么矛盾，也可能蓄谋已久的起义或叛乱会借这次事件触机便发。至此，整个社会陷入了一片混乱之中，百姓民不聊生，群臣人人自危，政局动荡不安。

终于，修道院的牧师和修士们进来了，他们抬起了冰石板上的遗体，然后准备葬礼。他们带来十字架、蜡烛和香炉，开始做祷告，祈祷死者的灵魂得到安息。他们还让一位鲁昂的大主教去处理死者的遗体。大主教下令把遗体带到卡昂，并安葬在威廉结婚时建的修道院中。

古代史学家对这一事件的叙述更为离奇，完全颠覆了常人的观念。按照常理，一位伟大国王的遗体理应由他的家人或亲近的臣子处理。然而，威廉驾崩后，他所有的家庭成员，以及他所有的大臣都立即抛弃了他——所有人都迫切地希望在新一轮的统治下巩固好自己的地位。他们有的追随了罗伯特，有的则效忠于威廉·鲁弗斯。亨利把威廉留给他的钱锁进一个结实的铁箱子里，然后带着它去寻找自己的栖身之所。没有一个人愿意留下来安葬这位伟大的国王。

最后,一位农夫充当了扈棺人,负责把国王沉重的遗体从鲁昂送到卡昂。农夫用一辆运货的马车把装有遗体的棺材从修道院运到河边,并把它放在船上,农夫驶船经塞纳河入海,然后抵达卡昂。圣斯蒂芬修道院的院长带着一些修道士和一群仆人来到了当初以威廉的名义建的修道院。然而,就在送葬队伍行进的过程中,镇上发生了一场火灾,在场的人有的出于责任感上前帮助灭火,有的则只是出于好奇去看个热闹。这样一来,送葬队伍的秩序就被打乱了。牧师、修道士和普通百姓都涌向火灾现场,只留下棺材孤零零地留在原地。尽管如此,扈棺人仍然继续前进,去给修道院的全体人员传达命令。

葬礼时间到了,一群人聚集在一起见证这场庄严的丧礼仪式。墓碑在教堂的地板上放着,坟墓也已经挖好。坟墓里放着一具石棺,用来安放遗体。一切准备就绪,就在遗体入棺的时候,一位男子突然从人群中走出来打断了丧礼仪式。他说,修道院的土地原本属于他,只是威廉结婚时为了建修道院,强行把它占为己有了;一直以来,他都为这件事忍气吞声,但现在既然威廉已经不在人世了,也该到他奋起反抗的时候了。他说:"这块地,

第十二章 《末日审判书》

是我的!这是我父亲留给我的,我从未出售或抛弃过它,更没有把它抵押或馈赠给任何人。这是我的正当权益。我有资格捍卫它。现在,我以上帝的名义禁止你们把我的仇人葬在这里!"

男子的控告引起了一阵骚动。待人们激动的情绪稍稍平息下来后,主教们把这位男子叫到了一边,审查了他的控告及其证据,他们发现事情确如男子所说,于是,他们当场付给他一笔赔偿金,这笔赔偿金足以买下他的这块土地。不仅如此,主教们还承诺会立即采取措施补救他的其余损失。男子这才同意让丧礼仪式照常进行。

然而事情并没有就此顺利进行,下葬时,任凭下葬人员再怎么努力,也无法把国王的遗体装进石棺。他们只好硬往里塞。几个回合下来,石棺破了,就连遗体也发生了破裂。修道士们拿来熏香和香料点燃后撒在石棺周围,但仍然无济于事。教堂里的所有神职人员都产生了抵触情绪,他们不顾现场的情形扭头就走,只留下还在墓穴中做工的匠人。

就在诺曼底上演着这一幕幕闹剧的时候,威廉·鲁弗斯带着父王临终时的遗言匆忙赶到英格兰,以期成功继承王位。在他抵达英格兰之前就已经听说了父王的死讯,于是,他成功诱使诺曼底首领宣布他为英格兰国王。尽管罗伯特的朋友们都非常支持罗伯特继承英格兰王位，但面对威廉国王的遗嘱，他们还是显得力不从心。不久后，兄弟俩达成了一项协议——威廉·鲁弗斯统治英格兰王国，罗伯特则欣然留在古老的诺曼底公国。

附录
专有名词英汉对照

Norman Conquest	诺曼征服
English Channel	英吉利海峡
Scandinavian	斯堪的纳维亚人
Baltic	波罗的海
River Seine	塞纳河
Dukes of Normandy	诺曼底公爵
Rollo	罗洛
Alfred the Great	阿尔弗雷德大帝
Straits of Dover	多佛海峡
Hainault	埃诺公国
Rouen	鲁昂
Giselle	吉赛尔
Robert	罗伯特
Falaise	法莱斯城堡
Emma	爱玛夫人
Ethelred	埃塞雷德
Arlotte	阿劳特
Burgundy	勃艮第

征服者威廉

Guy	盖伊
Brittany	布列塔尼
Alan	艾伦
Constantinople	君士坦丁堡
Moorish	摩尔
Jerusalem	耶路撒冷
Theroulde	泰鲁德
Earl of Arques	阿尔克斯伯爵
Evreux	埃夫勒
Tellières	泰利埃
De Crespin	德·克里布
Galet	盖里特
Bayeux	巴约
Valonges	珐琅格斯
Hubert	休伯特
Count of Cotentin	科根特伯爵
Matilda	玛蒂尔达
Brihtric	布里希特
Mauger	梅杰
Lanfranc	兰费朗克
Caen	卡昂
William Rufus	威廉·鲁弗斯
Cecilia	塞西莉亚
Agatha	阿加莎
Constance	康丝坦斯